AI와 엔터테인먼트

AI문고

인공지능 시대입니다. 기계가 인간의 인지를 대신하고, 사물이 인간을 통하지 않고 다른 사물과 직접 커뮤니케이션합니다. 이에 따른 인간 삶과 문명 변화를 정확히 이해·예측·대응하는 것은 이 시대 우리 모두의 과제입니다. AI문고는 인공지능 기술과 환경의 여러 주제를 10가지 키워드로 정리합니다. 관련 개념과 이론, 학계와 산업계의 쟁점, 우리 일상의 변화를 다룹니다. 인간과 기술의 현재, 미래를 세심히 분석합니다.

일러두기

- 인명, 작품명, 저서명, 개념어 등은 한글과 함께 괄호 안에 해당 국가의 원어를 병기했습니다.
- 외래어 표기는 현행 어문규정의 외래어표기법을 따랐습니다. 다만 '딥러닝', '딥마인드', '딥페이크' 등은 관행을 따랐습니다.

처음이세요?

전문가세요?

AI와 엔터테인먼트

황서이

대한민국, 서울, 커뮤니케이션북스, 2024

AI와 엔터테인먼트

지은이 황서이
펴낸이 박영률

초판 1쇄 펴낸날 2024년 12월 31일

커뮤니케이션북스(주)
출판 등록 2007년 8월 17일 제313-2007-000166호
02880 서울시 성북구 성북로 5-11
전화(02) 7474 001, 팩스(02) 736 5047
commbooks@commbooks.com
www.commbooks.com

ISBN 979-11-7307-338-0 03500

책값은 뒤표지에 표시되어 있습니다.

차례

AI와 엔터테인먼트

21세기에 들어서면서 엔터테인먼트 산업은 상상할 수 없을 정도로 빠르게 변화하고 있다. 이러한 변화의 중심에는 인공지능(artificial intelligence, AI)이 자리 잡고 있으며, AI는 이제 단순한 기술적 도구를 넘어 창의적 콘텐츠 제작, 사용자 경험의 개인화, 운영 효율성 극대화 등 다양한 측면에서 산업의 핵심 동력으로 자리매김하고 있다. AI는 기존의 엔터테인먼트 산업 구조를 뒤흔들며, 창작 과정부터 유통 · 소비에 이르기까지 근본적인 변화를 초래하고 있다.

과거의 엔터테인먼트는 창작자의 예술적 상상력과 기술적 도구를 통해 제한된 자원으로 만들어진 콘텐츠를 대중이 소비하는 구조였다. 텔레비전 등 전통적인 매체들은 창작자와 제작자의 비전이 중심이 되어 제작되었으며, 이는 종종 높은 비용과 긴 제작 시간을 요구했다. 그러나 AI는 이러한 한계를 넘어 창작자가 더 넓은 범위에서 영감을 얻고, 더 짧은 시간 안에 더 많은 콘텐츠를 제작할 수 있도록 지원한다. 예를 들어, AI 기반의 음악 생성 도구는 작곡가가 새로운 멜로디를 신속하게 생성할 수 있게 하고, 영화 제작에서는 AI가 시나리오 작성이나 편집 과정에서 창작자의 의도를 반영하면서도 효율성을 높이는 임무를 수행한다. 또한, AI는 콘텐츠 소비자의 취향과 행동을 분석해 맞춤형 추천을 제공하고, 팬들과의 상호 작용을 개인화된 경험으로 변화시킨다. 이에 따라 엔터테인먼트 산업은 단순한 소비의 영역을 넘어 팬덤 문화와 같은 새로운 참여형 콘텐츠 환경을 창출하고 있다.

이 책은 AI가 엔터테인먼트 산업에 가져온 이러한 변화와 그로 인해 발생한 새로운 기회와 도전 과제를 분석하기 위해 기획되었다. AI는 콘텐츠 제작자, 마케팅 전문가, 비즈니스 리더들에게 다양한 도구와 전략을 제공하는 동시에 저작권 문제나 윤리적 문제와 같은 새로운 논쟁을 불러일으키고 있다. 예를 들어, AI가 생성한 음악이나 영상의 저작권 소유권 문제, AI가 사용자 데이터를 수집하고 분석하는 과정에서의 개인 정보 보호 문제 등이 그러하다. 이 책에서는 AI가 엔터테인먼트 산업 전반에 걸쳐 어떻게 적용되고 있으며, 그 결과가 어떻게 나타나는지를 다양한 사례와 함께 탐구할 것이다.

특히, 음악 산업을 중심으로 AI가 콘텐츠 창작자로서

어떤 역할을 수행하고 있는지, 스트리밍 플랫폼에서 AI가 맞춤형 콘텐츠를 추천하는 방법, 그리고 팬덤 문화에서 AI가 팬과 아티스트 간의 상호 작용을 어떻게 변화시키고 있는지를 중점적으로 다룬다. AI는 음악 제작 과정에서 작곡 · 편곡 · 믹싱 등 다양한 단계에서 창작자를 보조하며, AI가 추천하는 플레이리스트는 사용자 개개인의 음악 취향을 반영해 더욱 개인화된 청취 경험을 제공한다. 또한, 팬덤 문화에서는 AI 챗봇이나 가상 아티스트가 팬들과 실시간으로 소통하며, 팬들의 요구에 맞춘 맞춤형 콘텐츠를 제공함으로써 팬 경험을 변화시키고 있다.

또한, AI 기반의 비즈니스 모델과 글로벌 시장에서의 AI 활용 사례, 생성형 AI와 콘텐츠 IP 확장의 가능성에 대해서도 논의할 예정이다. AI는 새로운 비즈니스 모델을 창출하는 데에 중요한 역할을 하며, 구독 기반 서비스에서 AI가 개인화된 콘텐츠를 제공함으로써 구독자 유지율을 높이는 전략을 가능하게 한다. 세계 시장에서는 AI가 다양한 언어와 문화에 맞춘 콘텐츠 현지화를 지원해, 엔터테인먼트 기업들이 전 세계적으로 경쟁력을 갖출 수 있도록 돕고 있다. 생성형 AI는 기존의 콘텐츠 지식 재산권(IP)을 확장해 새로운 형태의 스토리텔링과 캐릭터 개발을 가능하게 하며, 이는 콘텐츠의 수명을 연장하고 새로운 팬층을 확보하는 데에 이바지한다.

AI는 엔터테인먼트 산업의 미래를 끌어 나갈 중요한 기술이자 발전의 원동력이다. 그러나 AI가 가져올 법적·윤리적 문제에 대한 사회적 논의 역시 중요하다. AI의 발전은 빠르게 진행되고 있지만, 이에 따른 법적 규제나 윤리적 기준은 아직 충분히 정립되지 않은 상태다. AI가 생성한 콘텐츠의 저작권 소유권 문제, AI가 수집한 데이터의 프라이버시 보호 문제, AI의 편향성 문제 등이 사회적 논쟁을 불러일으키고 있다. 이 책은 AI가 제공하는 기회와 함께 그로 인해 발생할 수 있는 도전 과제를 독자들이 폭넓게 이해할 수 있도록 돕고자 한다. AI와 엔터테인먼트의 융합이 만들어 낼 미래에 대한 깊이 있는 탐구를 통해 독자들이 다가올 변화에 대한 준비와 통찰을 얻기를 기대한다. AI와 엔터테인먼트의 만남은 이제 시작일 뿐이다. 이 책이 그 여정에서 독자들에게 유용한 안내서가 되기를 바란다.

이 책의 목차는 AI가 엔터테인먼트 산업에 미치는 다양한 영향을 다각도로 탐구하기 위해 체계적으로 구성되었다. 목차 선정 방식은 다음과 같은 기준을 바탕으로 이루어졌다. 먼저, 산업 전반을 아우르는 영향력을 고려

했다. AI는 콘텐츠 제작, 유통, 소비, 팬덤 문화 등 엔터테인먼트 산업의 다양한 영역에 깊은 영향을 미치고 있다. 이러한 다차원적인 변화를 종합적으로 다루기 위해 목차를 구성했으며, 콘텐츠 창작에서부터 유통, 팬덤과의 상호 작용까지 AI가 각 분야에 어떻게 변화를 불러오고 있는지를 구체적으로 탐구하고자 했다. 이를 통해 독자들이 AI가 엔터테인먼트 산업 전반에 미치는 영향을 명확하게 이해할 수 있도록 했다.

또한, 현실 적용과 미래 가능성을 분석하는 데에 중점을 두었다. AI는 이미 엔터테인먼트 산업의 다양한 분야에서 실질적으로 적용되고 있으며, 특히 스트리밍 플랫폼이나 마케팅 전략에서 그 효용성이 입증되고 있다. 넷플릭스와 같은 스트리밍 서비스는 AI를 활용해 사용자 데이터를 분석하고, 이를 바탕으로 개인화된 콘텐츠 추천 시스템을 운영하고 있다. 이러한 현재의 활용 사례를 통해 AI가 산업 전반의 효율성을 어떻게 높이고 있는지를 구체적으로 보여 주고자 했다. 그와 동시에 생성형 AI와 콘텐츠 지식 재산권(IP) 확장과 같은 주제를 포함해 AI가 창의성과 기술 발전을 통해 미래에 어떤 변화를 끌어낼 수 있을지를 탐구했다. AI가 생성한 가상 캐릭터가 영화나 게임에 등장함으로써 새로운 형태의 엔터테인먼트를 제공하거나, AI 기반의 인터랙티브 스토리텔링이 사용자 참여를 증대시키는 방식을 살펴볼 것이다. 이 과정을 통해 AI가 가져올 잠재력과 함께 해결해야 할 도전과제들을 논의할 수 있도록 했다.

세 번째로, 핵심 기술과 산업적 변화를 연결하는 목차를 구성했다. AI 기술의 발전은 엔터테인먼트 산업의 구조를 근본적으로 변화시키고 있으며, 이에 따라 경제적 · 창의적 측면과 사용자 경험 측면에서 큰 영향을 미치고 있다. AI는 콘텐츠 제작과 유통의 효율성을 높여 제작 비용을 절감하고, 더 빨리 고품질의 콘텐츠를 생산할 수 있게 한다. 또한, AI는 사용자 데이터를 실시간으로 분석해 개인화된 경험을 제공함으로써 사용자 만족도를 높이고, 이는 곧 기업의 매출 증대로 이어진다. 이러한 변화의 상호 작용을 명확하게 분석하기 위해 관련 장들을 배치했다. AI가 콘텐츠 제작과 유통의 효율성을 어떻게 높이고, 더 나아가 개인화된 사용자 경험을 제공하는지를 다룸으로써, 기술적 진보가 실제 산업 변화로 이어지는 과정을 체계적으로 보여 주고자 했다. 이를 통해 독자들이 AI 기술과 산업 변화 간의 밀접한 관계를 명확하게 이해할 수 있도록 구성하는 것이 중요한 목표였다.

다양한 AI 활용 분야를 반영하는 것도 이 책의 목차 선정에서 중요한 요소였다. AI는 단순히 콘텐츠 제작에 그치지 않고, 팬과의 상호 작용에 새로운 전환을 가져오며, 새로운 비즈니스 모델을 개발하고, 글로벌 시장에서 그 역할을 확장하고 있다. 이를 다루기 위해 AI와 팬덤 문화의 변화, AI 기반의 새로운 비즈니스 모델 개발, 그리고 글로벌 엔터테인먼트 시장에서 AI가 어떻게 사용되고 있는지를 분석하는 주제를 포함했다. AI 챗봇이 팬들과 실시간으로 소통하며 팬덤을 관리하는 방식, AI 기반의 데이터 분석을 통해 새로운 비즈니스 기회를 창출하는 전략, 그리고 다양한 문화권에서 AI를 활용한 콘텐츠 현지화 사례 등을 상세히 다룰 것이다. 이 과정을 통해 AI가 엔터테인먼트 산업의 여러 측면에서 어떤 역할을 하고 있는지 조망할 수 있도록 목차를 구성했다.

마지막으로, 미래 시각을 제시하고자 했다. AI와 엔터테크의 미래에 대한 주제를 선정해, 기술 발전이 엔터테인먼트 산업에 가져올 긍정적인 변화뿐만 아니라, 그와 함께 발생할 수 있는 도전 과제도 함께 논의하기 위한 것이다. AI가 창작 과정에 참여하면서 발생하는 저작권 문제, AI가 사용자 데이터를 수집하고 분석하는 과정에서의 개인 정보 보호 문제, AI의 편향성 문제, AI가 생성한 콘텐츠의 윤리적 문제 등을 다룬다. 저작권, 데이터 윤리, 그리고 기술의 오용 가능성 등 미래에 직면할 법적·윤리적 문제들을 다루며, 기술 발전이 어떻게 산업에 영향을 미칠지에 대한 균형 잡힌 논의를 통해 독자들이 AI의 미래를 더 깊이 이해할 수 있도록 했다.

이처럼 이 책의 목차는 AI가 엔터테인먼트 산업 전반에 걸쳐 미치는 다양한 영향을 분석하고, 수용자와 전문가의 시각을 균형 있게 조망함으로써 독자들에게 AI의 현재와 미래를 깊이 있게 이해할 수 있는 통찰을 제공하도록 체계적으로 구성되었다. 이러한 다양한 기준을 바탕으로 구성된 목차는 AI가 엔터테인먼트 산업에서 어떻게 실질적으로 적용되고 있으며, 앞으로 어떠한 방향으로 나아갈지를 독자들이 쉽게 이해하고 통찰할 수 있도록 돕는다. AI의 현재 역할과 미래 가능성을 체계적으로 탐구함으로써 독자들은 AI가 엔터테인먼트 산업에 미치는 영향을 더 명확하게 파악할 수 있다. 이를 통해 AI가 엔터테인먼트 산업에서 실질적으로 어떤 역할을 하고 있는지, 그리고 미래에 어떤 기회와 도전이 존재하는지를 쉽게 이해할 수 있도록 상세한 목차는 다음과 같다.

우선, "빅데이터로 본 AI와 엔터테인먼트"는 블로그와 국내 언론 기사의 방대한 데이터를 분석해 엔터테인먼트 전반에 미치는 영향을 파악한다. 이를 통해 소비자 경험과 전문가 시각을 균형 있게 조망함으로써 AI의 현재와 미래를 종합적으로 이해할 수 있다.

다음으로, "콘텐츠 창작자로서의 AI"는 AI가 창작 과정에서 어떤 임무를 수행하는지, 그리고 인간 창작자와의 협력 가능성과 함께 저작권 · 창작의 진정성에 대한 우려를 논의한다. 이는 AI와 인간 창작자가 협력해 새로운 예술적 표현을 창출하는 방식을 탐구하며, 미래의 창작 환경 변화를 이해할 수 있다.

"AI와 라이브 퍼포먼스"는 AI 기술이 라이브 공연의 몰입감을 어떻게 향상하는지를 설명한다. 실시간 데이터 분석을 통해 공연의 조명, 음향, 무대 연출을 유동적으로 조정함으로써 맞춤형 경험을 제공하고, 관객과 공연자 간의 상호 작용을 강화하는 방식을 다룬다.

"AI와 스트리밍 플랫폼"은 음악 스트리밍 산업에서 AI의 개인화된 콘텐츠 추천 기능이 사용자 경험을 어떻게 개선하는지를 탐구한다. AI 기반 추천 알고리듬이 음악 소비의 다양성과 접근성을 높이는 역할을 구체적으로 탐구함으로써, 사용자 경험 향상에 기여하는 AI의 실질적인 활용 사례를 제시한다.

또한, "AI와 팬덤 문화"는 AI가 팬덤 문화를 개인화된 경험으로 변화시키는 방식을 다룬다. 팬 개개인의 취향을 분석하고 맞춤형 콘텐츠와 상호 작용을 제공함으로써 팬 경험을 개인화하고 아티스트와의 관계를 강화하는 AI의 역할을 탐구한다.

"생성형 AI와 콘텐츠 IP의 확장"은 AI가 기존 IP를 기반으로 새로운 콘텐츠를 창출하고 IP의 가치를 극대화하는 방법을 분석한다. 생성형 AI가 콘텐츠 제작의 효율성을 높이고 다양한 미디어 플랫폼에 맞춘 콘텐츠 변형을 자동화함으로써, 콘텐츠 산업 내에서 IP 자산의 활용 가치를 증대시키는 방식을 이해할 수 있다.

"AI 기반 엔터테인먼트 마케팅"은 AI가 개인화된 콘텐츠 추천, 소셜 미디어 분석, 예측 분석 등을 통해 마케팅의 효율성을 극대화하는 방식을 다룬다. 이는 소비자 행동 패턴과 선호도를 분석해 맞춤형 마케팅 메시지를 제공함으로써 브랜드 신뢰와 소비자 충성도를 강화하는 AI의 역할을 구체적으로 탐구한다.

"AI 기반 엔터테인먼트 비즈니스 모델"은 글로벌 기업들이 AI를 활용해 새로운 비즈니스 모델을 창출하고 경제적 이점을 얻는 방식을 탐구한다. AI를 통한 비용 절감, 새로운 수익 모델 도입, 글로벌 시장에서의 경쟁력 강화 등 비즈니스 측면에서의 AI 활용 방안을 심도 있게 이해할 수 있다.

"글로벌 엔터테인먼트 시장에서의 AI"는 AI가 글로벌 엔터테인먼트 시장에서 콘텐츠 제작과 유통 효율성을 어떻게 극대화하는지를 조망한다. AI 기반 번역 · 자막 생성 기술을 통해 콘텐츠 현지화와 글로벌 배포 전략을 최적화함으로써, 다양한 문화권의 소비자에게 맞춤형 콘텐츠를 제공하고 글로벌 경쟁력을 강화하는 방식을 이해할 수 있다.

마지막으로, "엔터테크 시대의 AI"는 생성형 AI와 엔터테크의 결합이 창의적 콘텐츠 제작과 개인화된 사용자 경험을 어떻게 제공하는지, 그리고 저작권 문제와 윤리적 문제를 어떻게 해결할지를 논의한다. 이는 AI와 인간 창작자의 협력을 통해 창의적 잠재력을 최대한 발휘하면서, 저작권 보호와 윤리적 사용을 위한 방안을 모색하는 중요한 주제를 다룬다.

이처럼 목차는 AI가 엔터테인먼트 산업 전반에 걸쳐 미치는 다양한 영향을 다각도로 분석하고, 소비자와 전문가의 시각을 균형 있게 조망함으로써 독자들에게 AI의 현재와 미래를 깊이 있게 이해할 수 있는 통찰을 제공하도록 체계적으로 구성되었다. 이 책은 AI가 엔터테인먼트 산업에 미치는 영향에 대한 종합적이고 심도 있는 분석을 통해, 독자들이 AI의 현재 역할과 미래 가능성을 명확하게 파악하고, 이를 바탕으로 엔터테인먼트 산업의 미래를 예측하고 준비할 수 있도록 돕는다. 이러한 체계적 구성은 AI와 엔터테인먼트의 융합이 가져올 변화에 대한 이해를 높이고, 독자들이 다가올 변화에 대한 전략적 대응을 마련하는 데에 중요한 역할을 할 것이다.

이 책을 기획하면서 AI가 엔터테인먼트 산업에 미친 광범위한 영향을 다루기 위해 다양한 주제를 고려했지만, 지면의 한계로 인해 아쉽게도 몇 가지 중요한 주제를 다루지 못했다. 여기에는 AI 기술이 미래 엔터테인먼트 산업에서 어떠한 추가적 역할을 할 것인지에 대한 중요한 내용들이 포함된다.

우선, AI와 저작권 문제 · 법적 쟁점에 대한 논의는 매우 중요한 이슈다. AI가 창작 과정에 참여하게 되면서 발생하는 저작권 문제는 창작물로서 저작권 보호를 받을 수 있는지, AI로 만들어진 콘텐츠의 소유권은 누구에게 귀속되는지에 대한 심도 있는 논의가 필요하다. 더불어, AI가 기존 창작물에서 영감을 받아 새로운 콘텐츠를 생성하는 과정에서 발생할 수 있는 저작권 침해 여부에 대한 법적 논의도 필요하다. 예를 들어, AI가 특정 아티스트의 스타일을 모방해 새로운 작품을 생성할 경우, 이는 원작자의 저작권을 침해하는지 여부, 그리고 이러한 AI 생성물의 저작권을 누가 소유해야 하는지 등에 대한 명확한 법적 기준이 필요하다. 이러한 구체적인 논의는 AI와 창작자의 권리를 보호하고, AI 기술의 발전과 창작 활동의 조화를 이루기 위해 필수적이다.

다음으로, AI와 엔터테인먼트 교육 역시 중요한 주제다. AI는 음악, 영화, 연기 등 다양한 예술 분야에서 학습과 훈련을 지원하며, 개인 맞춤형 학습을 가능하게 하고 있다. 특히 AI는 학생들이 창작 기술을 더 쉽게 습득하고 더 창의적으로 사고할 수 있도록 돕고 있어, 이에 대한 이슈를 논의할 필요가 있다. AI 기반의 교육 도구는 학생들의 학습 속도와 스타일에 맞춰 개인화된 학습 자료를 제공하거나, 창작 과정에서 발생하는 문제를 실시간으로 피드백해 주는 역할을 할 수 있다. 이는 전통적인 교육 방식에서는 어려웠던 개별 맞춤형 교육을 가능하게 하며, 학생들의 창의성과 기술력을 동시에 향상할 수 있는 잠재력을 가지고 있다. 그러나 AI 기반 교육의 효과성과 윤리적 문제, 예를 들어 학생 데이터의 프라이버시 보호나 AI 교육 도구의 공정성 등에 대한 논의도 필요하다.

셋째, AI와 가상 현실(virtual reality, VR), 증강 현실(augmented reality, AR) 기술의 결합도 빠뜨릴 수 없는

중요한 주제다. AI는 가상 현실과 증강 현실이 결합해 새로운 형태의 몰입형 엔터테인먼트를 창출하고 있으며, 실시간으로 데이터를 분석하고 사용자와 상호 작용해 더욱 개인화된 가상 경험을 제공하고 있다. 게임 산업과 가상 콘서트에서 AI와 가상 현실, 증강 현실의 결합은 엔터테인먼트의 새로운 지평을 열었기에 이에 대한 심층적인 논의가 필요하다. AI는 가상 현실 게임에서 플레이어의 행동을 실시간으로 분석해 게임의 난이도나 스토리를 동적으로 조정할 수 있으며, 증강 현실 기술과 결합해 현실과 가상의 경계를 허무는 새로운 경험을 제공할 수 있다. 또한, 가상 콘서트에서는 AI가 실시간으로 관객의 반응을 분석해 공연의 연출을 조정하거나, 가상 아티스트가 실시간으로 관객과 소통할 수 있는 기능을 제공함으로써, 기존의 라이브 공연과는 다른 새로운 형태의 엔터테인먼트를 제공할 수 있다.

마지막으로, AI와 엔터테인먼트 인력의 변화에 대한 논의도 아쉽게 다루지 못한 주제 중 하나다. AI 기술이 발전하면서 엔터테인먼트 산업의 인적 구조에도 큰 변화가 생기고 있다. AI는 많은 반복적이고 기계적인 작업을 대체할 수 있지만, 그와 동시에 새로운 기술에 대한 수요가 생기면서 창의적이고 전략적인 역할의 중요성이 커지고 있다. AI를 활용한 콘텐츠 제작 과정에서는 AI 전문가, 데이터 분석가, AI 윤리 전문가 등 새로운 직종이 등장하고 있으며, 이는 기존의 엔터테인먼트 종사자에게 새로운 기술 습득과 역량 개발의 필요성을 강조하고 있다. 또한, AI가 창작 과정에 참여함으로써 창작자의 역할이 변화하고 있으며, 이는 창의력과 AI의 효율성을 결합한 새로운 형태의 창작 방식을 요구하고 있다. 이러한 변화는 엔터테인먼트 산업의 인적 구조와 직업적 역량에 대한 재정립이 필요하며, 이에 대한 심도 있는 논의가 필요하다.

이 책은 다양한 주제를 통해 AI가 엔터테인먼트 산업에 가져온 변화를 깊이 있게 탐구하고, 미래의 기회와 도전 과제를 조망한다. AI와 엔터테인먼트의 융합이 만들어 낼 미래에 대한 심도 있는 탐구를 통해 독자들이 다가올 변화에 대비하고 통찰을 얻기를 기대한다. 또한, AI의 지속적인 발전과 이에 따른 엔터테인먼트 산업의 변화는 앞으로도 계속될 것이기에, 이러한 변화에 대한 깊이 있는 이해와 대비는 산업 종사자뿐만 아니라 일반 독자들에게도 중요한 과제가 될 것이다. 변화의 흐름을 따라가며 AI와 엔터테인먼트의 융합이 가져올 미래를 예측하고, 그에 따른 전략적 대응 방안을 제시함으로써 독자들이 미래의 엔터테인먼트 산업을 좀 더 잘 이해하고 준비할 수 있도록 돕는 것을 목표로 한다. 이러한 체계적인 구성은 AI와 엔터테인먼트의 융합이 초래할 변화에 대한 이해를 높이고, 독자들이 다가올 변화에 전략적으로 대응하는 데에 중요한 역할을 할 것이다.

앞으로 AI가 엔터테인먼트 산업에 미치는 영향은 더욱 다양하고 복잡해질 것이며, 이에 대한 지속적인 연구와 논의가 필요하다. 이 책은 그 출발점으로서, AI와 엔터테인먼트의 현재와 미래를 체계적으로 탐구하고, 독자들이 AI의 잠재력과 그에 따른 도전 과제를 균형 있게 이해할 수 있도록 돕는 자료가 될 것이다. AI와 엔터테인먼트의 융합이 가져올 새로운 가능성과 발전을 함께 탐구하며, 이 변화의 시대에 발맞춰 나갈 수 있는 지식과 통찰을 제공하는 데에 이 책이 이바지할 수 있기를 바란다.

01
빅데이터로 본 AI와 엔터테인먼트

AI는 엔터테인먼트 산업에서 맞춤형 콘텐츠 추천, 자동 생성 · 편집 등 중요한 역할을 하고 있다. 블로그와 국내 언론의 분석에 따르면, AI는 사용자 경험과 창작 과정을 향상하는 긍정적인 영향을 미치고 있으나, 윤리적 문제와 저작권 이슈 등 다양한 도전 과제도 존재한다. 향후 AI와 엔터테인먼트의 결합은 더욱 강화될 전망이며, 지속 가능한 발전을 위해 정책적 대응과 인간 창작자와의 협력이 필요하다.

AI와 1인 창업?

엔터테인먼트를 변화시키는 AI의 역할

AI는 엔터테인먼트 산업에서 빠르게 진화하는 핵심 요소로 자리 잡고 있다. 특히 스트리밍 서비스에서는 넷플릭스(Netflix)와 디즈니 플러스(Disney+)와 같은 플랫폼들이 AI를 활용해 사용자 맞춤형 콘텐츠 추천을 제공하고 있다. AI는 소비자의 시청 기록을 분석해 그들의 취향에 맞는 영화를 추천하는 등 개인화된 서비스를 가능하게 한다.

2021년 세계경제포럼(World Economic Forum)의 조사에 따르면, AI는 가장 큰 영향을 미칠 것으로 예상되는 분야 중 하나가 엔터테인먼트다. 이미 온라인 스트리밍 기술을 통해 빠르게 성장한 이 분야는 AI 덕분에 콘텐츠 제작과 소비 방식이 더욱 효율적으로 변화하고 있다. 2005년 유튜브(YouTube)의 등장이 누구나 쉽게 영상을 제작하고 공유할 수 있게 만들어 미디어 환경을 크게 변화시킨 것처럼, AI도 콘텐츠 제작과 권력 구조에 큰 변화를 불러올 것으로 예상된다.

AI의 역할은 단순히 콘텐츠 추천에 그치지 않고, 음악·영화·게임 등 다양한 콘텐츠를 자동으로 생성하거나 편집하는 데까지 확장되고 있다. AI는 텍스트 명령으로 비디오와 이미지를 생성하고, 음성을 모방하거나 새로운 음악을 작곡할 수 있다. 스포티파이(Spotify)에서는 AI DJ가 사용자 취향에 맞춘 플레이리스트를 제공하고 있으며, 틱톡(TikTok)과 유튜브 같은 플랫폼은 AI 도구를 통해 사용자들이 더 쉽게 콘텐츠를 제작하고 편집할 수 있도록 돕고 있다.

AI의 도입은 콘텐츠 제작 방식에도 큰 변화를 불러왔다. AI는 창작 과정을 효율적으로 만들고, 비용을 절감하며, 빠르게 콘텐츠를 생산할 수 있게 한다. 이러한 변화는 AI가 사람의 창의적 작업을 어떻게 보완하거나 대체할지에 대한 논의를 불러일으킨다. AI는 콘텐츠 추천, 자막 생성, 특수 효과 작업 등에서도 활용되고 있으며, 이는 엔터테인먼트 산업 전반에 걸쳐 큰 변화를 일으키고 있다.

블로그와 국내 언론을 통해 본 AI 엔터테인먼트

'AI와 엔터테인먼트' 키워드를 중심으로 최근 1년간(2023년 9월 1일~2024년 8월 31일) 대중이 작성한 블로그와 한국언론진흥재단의 빅카인즈(BIG KINDS)를 활용해 국내 언론 기사를 수집해 텍스트 마이닝(Text Mining)을 시도했다. 다음 다섯 가지 주제로 빅데이터 분석 결과를 도출했다.

엔터테인먼트 산업에서 AI의 역할은 무엇인가?

AI와 엔터테인먼트의 국내 트렌드는 어떤가?

최근 AI와 엔터테인먼트의 주요 이슈는 무엇인가?

엔터테인먼트 산업에서 AI 활용에 대한 평가는 어떤가?

엔터테인먼트 산업에서 AI의 향후 활용 방안은 어떤가?

이 분석을 통해 다양한 관점에서 AI와 엔터테인먼트의 결합이 엔터테인먼트 산업에 미친 영향과 앞으로의 변화 가능성을 구체적으로 살펴보았다.

최근 1년간 'AI와 엔터테인먼트'에 대한 블로그와 국내 언론 기사를 비교 분석한 결과, 두 매체 모두 AI 기술이 엔터테인먼트 산업에서 중요한 역할을 하고 있다고 공통으로 강조하고 있다. 그러나 각 매체가 다루는 주제와 시각에는 차이가 있다.

먼저, '엔터테인먼트 산업에서 AI의 역할'과 관련한 주제에서 블로그와 국내 언론은 모두 AI와 빅데이터가 엔터테인먼트 산업에서 사용자 맞춤형 경험 제공과 창작 지원에 중요한 역할을 한다고 강조한다. 특히 스트리밍 서비스에서는 AI가 사용자 데이터를 분석해 맞춤형 콘텐츠를 추천하는 부분이 공통으로 언급된다. 두 매체 모두 AI가 창작 과정에서 중요한 도구로 사용되며, 가상 현실이나 증강 현실과 결합해 몰입형 콘텐츠를 제공하는 역할을 강조한다. 또한 저작권 문제, 알고리듬의 편향성, 개인 정보 보호와 같은 도전 과제를 지적하면서 AI와 인간 창작자 간 협력의 중요성을 강조한다. 차이점으로는 블로그가 AI의 창의성 증진과 책임의 균형을 더 강조하며, AI가 창작자에게 제공하는 도전과 기회를 부각하는 반면, 국내 언론은 한국 엔터테인먼트 산업에서 AI와 빅데이터의 구체적인 상업적 활용 사례에 초점을 맞춘다. 특히 가상 현실이나 증강 현실과 같은 첨단 기술을 결합한 팬 경험 강화에 관한 구체적인 활용 사례를 설명하는 데에 주력하고 있다.

'AI와 엔터테인먼트 트렌드'에 관해 두 매체는 AI 아티스트와 버추얼 인플루언서의 부상, 케이팝(K- pop)과 AI의 융합, 그리고 콘텐츠 제작에서의 AI의 역할을 강조하고 있다. 차이점으로는 국내 언론이 케이팝과 같은 구체적인 산업 내 사례와 AI 기반 서비스 제공에 집중하지만, 블로그는 AI의 윤리적 고려 사항과 가상 현실이나 증강 현실 콘텐츠의 발전에 더 중점을 두고 있다. 또한 블로그는 AI와 엔터테인먼트의 글로벌 트렌드에 대해 조금 더

포괄적으로 다루고 있으며, 국내 언론은 더 구체적인 국내 사례를 강조하고 있다.

'최근 AI와 엔터테인먼트의 주요 이슈'에 대해 블로그는 AI의 창작물에 대한 윤리적·법적 문제, AI 아티스트·버추얼 인플루언서의 부상을 강조하며, 엔터테인먼트 산업 전반에서의 AI 활용에 대한 전반적인 윤리적 고려와 도전 과제를 강조하고 있다. 또한 AI가 음악과 같은 창작 분야에서 어떻게 활용되고 있는지를 다루고 있다. 반면, 국내 언론은 법적 이슈에 집중하며, 특히 AI로 생성된 콘텐츠의 저작권 보호와 법적 지위에 대한 논의가 중요하다고 강조하고 있다. 또한 가상 현실과 AI를 결합한 새로운 엔터테인먼트 형태에 대해 구체적으로 설명하며, 팬덤 중심의 AI 기반 엔터테인먼트 콘텐츠의 부상을 다루고 있다.

'엔터테인먼트 산업에서 AI 활용에 대한 평가'는 두 매체 모두 AI가 엔터테인먼트 산업에서 중요한 역할을 하고 있으며, AI 기술의 도입이 콘텐츠 제작과 유통·소비 방식에 큰 변화를 불러오고 있다는 점을 강조하고 있다. 블로그에서는 AI가 초래할 수 있는 윤리적 문제와 직업 대체 등 부정적인 측면에 대해 다소 비판적으로 접근하는 반면, 국내 언론은 AI 기술이 어떻게 엔터테인먼트 산업에 도입되고 있으며, 팬과의 상호 작용을 촉진하는 등 실질적인 활용 사례에 중점을 두고 있다. 블로그는 AI와의 협력 과정에서 발생할 수 있는 불확실성에 대해 경고하고 있으며, 규제와 사회적 논의의 필요성을 강조하고 있다. 반면, 국내 언론은 AI 기술 도입으로 인해 긍정적인 변화가 일어나고 있음을 주로 다루고 있다.

'엔터테인먼트 산업에서 AI의 향후 활용 방안'에 대해 블로그는 AI가 콘텐츠 제작 과정에서 창작자와 협력해 다양한 창의적인 콘텐츠를 제공하는 방식에 초점을 맞추고 있다. 특히 AI가 음악 산업에서 어떻게 작곡과 제작에 영향을 미치는지 설명하며, AI와 인간 창작자 간의 협력 중요성을 강조하고 있다. 반면, 국내 언론은 AI와 엔터테인먼트의 협력이 팬덤 문화와 상호 작용에 미치는 영향을 주로 다루며, AI가 팬과 아티스트 간의 소통을 어떻게 확장하고 차별화된 경험을 제공하는지 설명하고 있다.

AI와 엔터테인먼트의 기회와 도전 과제

빅데이터 분석을 통해 본 'AI와 엔터테인먼트'는 엔터테인먼트 산업의 중심 요소로 AI 기술이 빠르게 자리 잡고 있다는 결론을 도출할 수 있다. AI는 스트리밍 서비스에서 맞춤형 콘텐츠 추천, 창작 과정의 효율성 증대, 가상 현실이나 증강 현실과의 결합을 통해 몰입형 경험을 제공하며 산업 전반에 걸쳐 변화를 이끌고 있다. 블로그와 국내 언론 모두 AI의 역할과 가능성에 대해 긍정적으로 평가하며, 특히 콘텐츠 제작과 소비 방식에서의 획기적인 변화를 강조하고 있다.

그러나 AI 도입이 직업 대체를 포함한 윤리적 문제와 저작권 보호 등의 법적 과제를 동반하고 있다는 점도 중요한 이슈로 떠오르고 있다. 이를 해결하기 위한 정책적 대응이 필요하다. AI가 창작자와 협력해 창의적인 콘텐츠를 제공하면서도 윤리적 · 법적 문제를 균형 있게 해결해 나가야만, 엔터테인먼트 산업의 지속 가능한 발전을 이끌어 갈 수 있을 것이다. 앞으로 AI와 엔터테인먼트의 결합은 더욱 강화될 것이며, 이를 통해 개인화된 팬 경험과 새로운 상호 작용이 엔터테인먼트 산업에서 중요한 요소로 주목받을 것이다.

참고 문헌

김경달 외(2023). 『디지털 미디어 인사이트 2024』. 이은북.

빅카인즈. https://www.bigkinds.or.kr/

한정훈(2023). 『AI 시대, 엔터테인먼트의 미래』. 페가수스.

Myers, J.(2022.1.5). 5 charts that show what people around the world think about AI. World Economic Forum, https://www.weforum.org/agenda/2022/01/artificial-intelligence-ai-technology-trust-survey/

02
콘텐츠 창작자로서의 AI

AI는 엔터테인먼트 산업에서 영상 시나리오 작성, 비주얼 이펙트 자동화, 음악 작곡, 가상 아티스트 창작, 뉴스 자동 작성 등 다양한 분야에서 창작 효율성과 창의성을 향상하고 있다. 인간과의 협업을 통해 더욱 풍부한 콘텐츠를 제작하지만, 윤리적 문제와 창작자의 권리 보호는 여전히 중요한 과제로 남아 있다.

AI와 MBTI?

AI의 콘텐츠 창작 활용

AI는 엔터테인먼트 산업에서 중요한 창작 도구로 자리 잡으며, 다양한 영역에서 인간의 창작 과정을 보조하거나 독립적인 창작자로서 활약하고 있다. 영상, 음악, 뉴스, 스포츠 중계 등 여러 분야에서 AI는 콘텐츠 제작의 효율성을 높이고 새로운 창작 가능성을 열어 주고 있지만, 그와 동시에 윤리적 문제와 창작의 진정성에 대한 논란을 야기하고 있다.

영상 콘텐츠에서의 AI 활용

AI는 방송과 영화 같은 영상 콘텐츠 분야에서 시나리오 작성과 스토리텔링에 중요한 역할을 한다. AI는 방대한 스토리 데이터를 분석해 구조적이고 창의적인 스토리라인을 제안할 수 있으며, 자연스러운 대화 생성을 통해 시나리오 초안을 빠르게 작성할 수 있다. 이를 통해 제작자는 더 많은 아이디어를 탐색하며 효율적으로 작업할 수 있다. AI 기반 스토리텔링 도구들은 기존에 비해 더 많은 시나리오 옵션을 제공해 제작자에게 창의적인 영감을 준다. 그러나 AI가 인간의 창의성을 완벽히 대체할 수 있을지에 대한 의문은 여전히 남아 있다. AI가 생성한 스토리가 인간의 독창적인 감정과 경험을 반영할 수 있을지,

그리고 이에 따라 예술적 진정성을 유지할 수 있을지에 대한 논란이 지속되고 있다. AI가 단순한 기술적 보조 역할을 넘어 창작 과정에서 독립적인 창작자로 인식될 수 있을지는 앞으로도 중요한 논의 주제가 될 것이다.

AI는 영화 제작의 후반 작업에서도 중요한 역할을 하고 있다. 특히, 시각적 특수 효과로 알려진 비주얼 이펙트(VFX) 작업을 자동화해 제작 시간과 비용을 크게 절감할 수 있게 한다. 복잡한 로토스코핑(rotoscoping) 작업이나 색 보정과 같은 기술적 작업은 AI를 통해 자동으로 처리되며, 이를 통해 기존 방식보다 훨씬 신속하고 서렴하게 완성할 수 있다. AI 기반의 자동화된 비주얼 이펙트 기술은 영화 제작의 전반적인 효율성을 높이는 데에 기여하고 있다.

또한, AI는 딥페이크(deepfake)와 딥보이스(deepvoice)를 통해 배우의 얼굴과 목소리를 사실적으로 재현하는 데도 사용되고 있다. 이를 통해 배우가 실제로 촬영에 참여하지 않아도 가상의 배우가 실시간으로 활동할 수 있게 되면서 영화 제작의 새로운 가능성이 열렸다. 배우가 실제로 현장에 없더라도 AI가 배우의 디지털 트윈을 만들어 그가 영화에 등장하는 것처럼 표현할 수 있다.

AI 음성 합성 기술은 영화나 TV 프로그램에서 중요한 도구로 자리 잡고 있으며, 배우의 목소리를 복원하거나 새로운 대사를 생성하는 데에 크게 기여하고 있다. 이러한 기술은 특히 영화 〈탑건: 매버릭(Top Gun: Maverick)〉에서 배우 발 킬머(Val Kilmer)의 목소리를 복원한 사례로 주목받았다. 발 킬머는 건강 문제로 인해 자신의 목소리를 사용할 수 없었지만, AI 보이스 클로닝(AI voice cloning) 기술을 통해 그의 음성을 학습해 자연스러운 연기를 구현할 수 있었다. 이를 통해 관객들은 킬머의 실제 목소리처럼 들리는 연기를 감상할 수 있었다.

이러한 AI 보이스 클로닝은 배우의 음성을 학습해 새로운 콘텐츠에서도 동일한 목소리로 더빙할 수 있는 기술을 제공한다. 이는 특정 배우가 참여하지 않아도 동일한 목소리로 여러 콘텐츠를 제작할 가능성을 열어 준다. 더불어 AI는 더빙 과정에서 배우의 입 모양과 표정을 자연스럽게 조정하는 기술도 발전시켜, 언어 장벽을 넘어 다양한 국가의 관객들에게 더욱 자연스럽고 몰입감 있는 콘텐츠를 제공할 수 있도록 돕고 있다.

그러나 이러한 AI 기술의 악용은 윤리적 문제를 야기하고 있으며, 이는 현재 중요한 논쟁거리로 떠오르고 있다. 실제 인물의 동의 없이 AI를 이용해 허위로 제작된 콘텐츠를 생성하는 경우, 개인의 권리 침해와 같은 심각한 문제로 이어질 수 있다.

음악 콘텐츠에서의 AI 활용

음악 콘텐츠에서 AI는 작곡과 편곡 과정에서 중요한 역할을 하고 있다. AI는 다양한 음악 데이터를 분석해 새로운 멜로디를 생성하거나 특정 장르에 맞는 음악을 자동으로 만들어 낸다. 이러한 기술은 특히 케이팝(K-pop)과 같은 글로벌 음악 시장에서 가능성을 보여 주며, AI를 통해 창작자들이 더 다양한 음악적 시도를 할 수 있도록 돕는다. AI 덕분에 음악 제작의 문턱이 낮아져 누구나 쉽게 음악을 창작할 수 있게 되었고, 음악 산업은 더욱 빠르게 변화하고 있다. 그러나 AI가 만든 음악에 대한 저작권 문제나 AI가 인간 음악가의 창의성을 대체할 수 있을지에 대한 우려는 여전히 논쟁거리로 남아 있다.

특히 AI는 버추얼 아티스트와 아이돌의 창작에도 기여하고 있다. 케이팝 산업에서는 AI로 생성된 버추얼 아이돌(virtual idol)이 팬들과 소통하고 실제 공연을 펼치는 등, 새로운 형태의 엔터테인먼트 경험을 제공하고 있다. 버추얼 아티스트는 완벽한 비주얼과 성능을 자랑하며 새로운 팬덤 문화를 형성하고 있지만, 버추얼 캐릭터가 실제 아티스트와 동일한 예술적 가치를 지닐 수 있을지에 대한 논의는 지속되고 있다.

뉴스와 저널리즘에서의 AI 활용

뉴스와 저널리즘 분야에서도 AI는 자동 기사 작성과 콘텐츠 큐레이션에서 중요한 역할을 하고 있다. AI는 대량의 데이터를 분석해 자동으로 기사를 생성할 수 있으며, 이를 통해 속보나 반복적인 뉴스를 빠르게 제공할 수 있다. 이에 따라 기자들은 더 중요한 취재나 심층 보도에 집중할 시간을 확보할 수 있게 된다. 그러나 AI가 작성한 기사에는 오류나 편향된 정보가 포함될 가능성이 있으며, 이는 AI 기반 저널리즘의 신뢰성 문제로 이어질 수 있다. AI가 인간의 편견을 학습해 특정 주제나 의견을 강조하거나 왜곡할 가능성도 제기되며, 이에 따라 정보의 다양성이 제한될 위험이 존재한다.

또한, AI는 독자 맞춤형 뉴스를 큐레이션 하는 기능도 갖추고 있지만, 알고리듬 편향성 문제로 인해 독자가 특정 정보에만 노출되는 필터 버블(filter bubble) 현상이 발생할 수 있다. 이는 독자가 다양한 시각에서 정보를 접할 기회를 제한할 수 있어, 정보 다양성의 확보가 중요한 과제다.

AI의 정교화와 인간 감성 이해

AI는 엔터테인먼트 산업에서 콘텐츠 창작의 변화를 이끌고 있다. AI는 창작 활동을 지원하고 효율성을 높이는 중요한 도구로 주목받으며, 예술과 기술의 융합을 통해 새로운 가능성을 열어 가고 있다. 방대한 데이터 분석과 패턴 인식을 통해 예술가들이 미처 생각하지 못했던 아이디어를 제시하며, 음악 분야에서는 AI 알고리듬을 활용해 새로운 멜로디나 비트를 생성하고, 미술 분야에서는 작품의 스타일을 분석해 독특한 예술 작품을 창조한다. 이러한 기술은 창작 과정에서 반복적이고 소모적인 작업을 줄여 예술가들이 핵심적인 창의력에 집중할 수 있도록 돕는다.

또한, AI는 인간이 접근하기 어려운 복잡한 패턴과 구조를 식별해 새로운 창작 방식을 제시함으로써 기존의 틀을 벗어난 작품 제작에 큰 역할을 한다. 예술가들은 AI와의 협업을 통해 자신의 한계를 뛰어넘고, 다양한 분야에서 융합 작품을 선보일 수 있게 된다. 이는 AI가 예술가의 창의성을 보완하는 동반자로서 작용하기 때문이며, 단순한 기계적 자동화를 넘어, 인간의 감성과 창의력에 기술적 도구를 더해 더욱 풍부한 예술적 표현을 가능하게 한다. 이러한 발전은 예술의 다양성과 깊이를 확장하는 데에 이바지하며, 관객들에게도 새로운 경험을 제공한다.

엔터테인먼트 산업에서 AI의 역할은 앞으로도 더욱 확대될 것으로 예상되며, 기술의 발전과 함께 AI는 한결 정교해지고 인간의 감성을 이해하는 방향으로 진화하고 있다. 그러나 이와 함께 창작자의 권리 보호와 윤리적인 문제에 대한 논의도 중요하게 다루어져야 한다. AI와 인간의 조화로운 협업은 엔터테인먼트 산업의 지속적인 성장을 이끄는 핵심 요소다. 따라서 AI는 단순한 도구를 넘어 창작 파트너 역할을 하며, 인간의 창의성과 AI의 기술력이 결합해 새로운 예술적 지평을 열어 가고 있다. 이는 산업 전반에 긍정적인 영향을 미치고 있으며, 이러한 흐름 속에서 예술가들과 기술자들은 협력을 통해 더욱 풍부하고 다양한 콘텐츠를 만들어 낼 것으로 기대된다.

참고 문헌

김세진(2024.6.23). AI, 콘텐츠 산업 영원히 바꾼다... 엔터테크 시대. ≪더밀크≫, https://themiilk.com/articles/a2fe26a83

한국방송통신위원회(2022.1.12). AI 알고리즘의 딜레마 '필터버블'. 한국방송통신위원회 블로그, https://blog.naver.com/kcc1335/222619560058

한국저작권위원회(2024.7.12). 광고 콘텐츠 제작에도 AI 활용 증가.

한국저작권위원회 블로그,
https://blog.naver.com/kcc_press/223509099308
한국저작권위원회(2024.7.19). 디지털 음악 산업의 새 주역, AI 기반 오디오 마스터링 서비스. 한국저작권위원회 블로그,
https://blog.naver.com/kcc_press/223516269555
한국저작권위원회(2024.8.1). 엔터테인먼트 콘텐츠 제작에서 AI 사용에 대한 엇갈린 소비자 의견. 한국저작권위원회 블로그,
https://blog.naver.com/kcc_press/223532055569
한정훈(2024.3.6). 엔터테인먼트 핵심 기술로 떠오른 AI. ≪PD저널≫,
https://www.pdjournal.com/news/articleView.html?idxno=75767

03
AI와 라이브 퍼포먼스

AI 기술은 실시간 공연에서 관객의 반응을 분석해 공연을 즉각적으로 조정하고, 버추얼 아티스트와 홀로그램을 통해 새로운 공연 형태를 창출함으로써 관객과의 상호 작용을 강화하고 개인화된 몰입 경험을 제공하고 있다. 또한, AI는 창작 과정에서 예술적 창의성을 증대시키고 있어 저작권 문제와 윤리적 문제에 대한 논의가 필요하다.

AI와 난임 극복?

실시간 공연에서의 AI 기술 적용

AI와 라이브 퍼포먼스(live performance)의 결합은 공연 예술에 새로운 차원을 더하며 전통적인 라이브 퍼포먼스의 정의를 확장하고 있다. 전통적으로 라이브 퍼포먼스는 음악, 연극, 댄스, 서커스 등에서 실시간으로 관객과 아티스트 간의 감정적 소통을 중시해 왔고, 이러한 상호 작용은 즉흥성과 예측할 수 없는 순간들을 통해 공동체 의식을 강화하는 역할을 해 왔다.

그러나 AI의 도입은 공연 예술의 본질에 새로운 변화를 불러왔다. AI는 실시간으로 관객의 반응과 감정을 분석해 공연의 흐름을 조정하거나 맞춤형 경험을 제공할 수 있다. 관객의 표정, 박수 소리, 움직임 등을 분석하는 AI 기술은 공연 중 조명, 음향, 영상 등을 즉각적으로 변화시켜 개인화된 공연 경험을 선사한다.

이는 관객의 몰입도를 극대화해, 관객이 단순히 공연을 감상하는 것을 넘어 공연의 일부로 참여하는 듯한 경험을 제공한다. 또한 AI는 버추얼 아티스트나 홀로그램 공연을 통해 물리적 제약을 넘어 새로운 형태의 예술 창작을 가능하게 한다. 이러한 AI 기술을 활용한 공연은 전통적인 공연의 경계를 확장하며 새로운 형태의 예술적 표현과 경험을 창출하고 있다.

AI와 관객 상호 작용의 강화

AI 기술이 선도하는 라이브 퍼포먼스의 변화는 여러 방면에서 나타나고 있다. 첫째, AI는 관객의 표정, 목소리, 동작 등을 실시간으로 감지해 분석하며 공연 분위기나 음악, 무대 연출 등을 자동으로 조정할 수 있다. 이를 통해 아티스트와 관객 간의 상호 작용이 더욱 강화되고 예측할 수 없는 순간들이 만들어져 공연의 매력을 더한다. 둘째, AI는 관객 개개인의 선호도를 반영한 맞춤형 공연 경험을 제공한다. 관객의 음악적 취향, 선호 아티스트, 참여 이력을 바탕으로 AI가 실시간으로 공연을 개인화하며, 이는 관객에게 더욱 깊이 있는 감정적 연결을 만들어 준다. 셋째, AI는 버추얼 아티스트나 홀로그램을 통해 공연의 경계를 확장한다. 케이팝(K-pop) 공연에서는 실제 아티스트와 버추얼 아이돌이 함께 무대에 오르며, AI는 관객과의 실시간 상호 작용을 정교하게 만들어 몰입감을 증대시킨다. 이러한 가상 캐릭터들은 AI의 학습 능력으로 더욱 정교한 상호 작용을 가능하게 하며, 새로운 형태의 공연 경험을 선사한다. 넷째, AI는 실시간으로 음악, 음향, 비주얼 효과를 생성하거나 수정하는 데에 큰 역할을 한다. 예술가는 AI를 통해 상상한 것을 즉각 구현할 수 있으며, 이를 통해 더 창의적이고 다채로운 무대를 만들어 낼 수 있다. 마지막으로, 공연이 끝난 후에도 AI는 관객의 반응과 피드백을 분석해 향후 공연 기획에 필요한 데이터를 제공하며, 이를 바탕으로 공연의 품질을 지속해서 발전시킬 수 있는 자원을 제공한다.

AI와 라이브 퍼포먼스의 결합은 새로운 예술 장르의 탄생을 이끌며 공연 예술의 한계를 확장하고 있다. 대표적으로 AI 인터랙티브 시어터(AI interactive theatre)는 관객의 참여에 따라 스토리가 변화하는 방식을 공연할 수 있게 한다. 이 형식에서는 관객이 단순한 관람자가 아닌 이야기의 주체로 참여해 스토리를 끌어 나가며, AI는 실시간으로 관객의 선택에 맞춰 스토리라인을 조정해 각기 다른 경험을 제공한다. 이는 전통적인 서사 구조를 넘어 관객의 즉각적인 반응에 따라 이야기의 흐름이 변화하는 획기적인 공연 형태를 제시하고 있다. 또한, 매시브 인터랙티브 라이브 이벤트(massive interactive live event, MILE)는 수백만 명의 관객이 실시간으로 공연의 전개에 참여할 수 있는 대규모 상호 작용 이벤트로, TV와 게임의 경계를 허물며 관객을 단순한 시청자에서 참여자로 전환한다. 이와 같은 방식은 AI의 실시간 데이터 처리 · 분석 능력을 기반으로 하여 공연의 몰입감을 극대화하고, 참여자의 선택에 따라 공연의 방향을 설정하는 새로운 형태의 엔터테인먼트를 가능하게 한다.

이처럼 AI는 단순한 기술적 도구를 넘어 실시간으로 관객과 상호 작용하며 몰입감을 높인다. AI를 활용한 공연은 관객의 반응에 맞춰 음악이나 시각적 요소를 즉각적으로 변경하거나 가상 현실과 결합하여 더욱 몰입적인 환경을 만들 수 있다. 이를 통해 공연은 더욱 풍부해지고 인간 창작자와 함께 새로운 경지를 개척할 수 있으며, 관객의 참여를 끌어내 공연의 수준을 높이고 새로운 예술적 경험을 선사한다. 결국 AI는 예술의 범위를 넓히며 공연의 미래를 이끌어가는 핵심 기술로 자리매김하고 있다.

AI의 창의성 증대와 개인화된 경험

AI를 적용한 라이브 스트리밍(live streaming) 공연은 물리적 장소의 제약을 넘어 전 세계 어디서나 실시간으로 중계될 수 있으며, 이러한 과정에서 AI는 다양한 기능을 제공함으로써 관객들에게 더 창의적이고 개인화된 경험을 선사한다. 예를 들어, AI는 스트리밍 중인 공연을 실시간으로 분석하여 시청자의 반응을 즉각적으로 반영할 수 있다. 이는 온라인 관객들에게 개인화된 경험을 제공할 뿐만 아니라 물리적 관객과의 상호 작용을 강화하여 공연의 몰입감을 높일 수 있다. 또한, AI는 네트워크 지연이나 버퍼링 문제와 같은 기술적 문제를 사전에 예측하고 해결함으로써 원활한 스트리밍 환경을 유지하게 할 수 있다. 데이터 전송을 실시간으로 최적화하거나 스트리밍 품질을 자동으로 조절하는 기능들은 관객들이 더욱 쾌적한 환경에서 공연을 감상할 수 있도록 돕는다.

또한, AI 실시간 라이브 스트리밍에서는 글로벌 팬들을 위한 AI 기반의 실시간 번역 · 자막 시스템도 중요한 발전을 이루고 있다. 엔터테크 스타트업 '빅크'는 자사 플랫폼을 통해 TV에서 생중계하지 않는 방송국 주최 '가요대전'을 생중계하여 189개국 570만 명의 팬들이 시청할 수 있게 했다. 과거 전문 속기사들이 맡았던 실시간 영상 자막 번역에 AI를 도입하여 영어, 태국어, 인도네시아어 등 8개 국어로 서비스를 제공함으로써 언어의 장벽을 허물고 글로벌 팬들에게 더욱 접근성 높은 공연을 제공하였다.

인터랙티브 라이브 스트리밍(interactive live streaming) 또한 AI의 도움을 받아 더욱 발전하고 있다. 관객들은 실시간으로 댓글을 남기거나 투표에 참여함으로써 공연 일부로서의 역할을 수행할 수 있으며, AI는 이러한 입력을 분석하여 공연의 진행에 반영할 수 있다. 예를 들어, 관객 개인의 선호도에 따라 음악의 템포를 조절하거나 무대의 조명을 변화시키는 등의 즉각적인 반응이 가능해진다. 이러한 상호 작용은 온라인과 오프라인 관객 모두에게 몰입감 있는 개인화된 경험을 제공하며, 공연의 유연성과 다변성을 높이는 데에 중요한 역할을 한다.

이처럼 AI 라이브 퍼포먼스는 공연 예술의 창의성을 증대시키고, 더 개인화되고 몰입감 있는 경험을 제공하는 중요한 도구로 자리 잡고 있다. 이는 인간 창작자의 창의성을 보완하며 새로운 형태의 예술을 탐구할 수 있는 환경을 조성하여, 아티스트와 관객이 함께 새로운 예술적 경험을 만들어 가는 장을 열고 있다.

최근 버추얼 콘서트는 전통적인 공연의 틀을 넘어 새로운 형태의 예술적 경험을 창출하고 있으며, 기획자와 창작자의 표현 방식을 확장하고 관객에게 독특한 경험을 제공하고 있다. 버추얼 콘서트를 제작 · 유통하는 '어메이즈 VR'은 첨단 촬영 기법과 AI 기술을 결합하여 가수들이 미래 도시나 외계 행성을 배경으로 한 몰입감 있는 공연을 선보였다. 관객들은 VR 헤드셋과 고화질 영상, 서라운드 음향 시스템을 통해 실제 공연장에 있는 듯한 생생한 경험을 할 수 있었다.

인공지능, 가상 현실, 증강 현실 등의 기술은 기존 오

프라인에서만 가능했던 라이브 퍼포먼스의 접근성을 향상하고, 다양한 문화적 배경을 가진 관객들이 쉽게 참여할 수 있는 환경을 조성하는 데에 기여하고 있다. 엔터테인먼트 분야에서 이러한 기술을 적용한 공연은 아직 초기 단계이지만, 앞으로 AI 라이브 퍼포먼스의 가능성이 더욱 확대될 것으로 기대한다.

참고 문헌

한정훈(2023). 『AI 시대, 엔터테인먼트의 미래』. 페가수스.

황규락(2024.9.4). 189국에 생중계 AI가 자막, 나만의 VR 콘서트도. ≪조선일보≫, https://www.chosun.com/economy/tech_it/2024/09/03/3YMRX3ZNFNEGLDI6JNPOIWUG2E/

Dixon, S. (2007). *Digital performance: A history of new media in theater, dance, performance art, and installation*. MIT Press.

Hwang, S., & Koo, G. W.(2023). Art marketing in the metaverse world: Evidence from South Korea. *Cogent Social Sciences, 9*(1). doi:10.1080/23311886.2023.2175429

04
AI와 스트리밍 플랫폼

AI는 음악 스트리밍 산업에서 개인화된 음악 추천과 창작에 핵심적인 역할을 하고 있다. 스포티파이의 디스커버 위클리 등은 AI 알고리듬을 통해 사용자의 취향에 맞는 음악을 제공하며, 아이바와 뮤직엘엠 같은 도구는 작곡과 편곡 등 음악 제작 과정에서 활용되고 있다. 그러나 AI로 생성된 음악이 저작권 침해와 윤리적 논쟁을 일으키고 있어, 음악 산업은 이에 대한 규제와 법적 대응이 필요한 상황이다.

AI와 사주?

개인화된 음악 추천 서비스

AI는 음악 스트리밍 플랫폼에서 개인화된 경험을 제공하는 데에 중요한 역할을 하고 있다. 스포티파이와 애플뮤직(Apple Music) 같은 주요 플랫폼들은 AI 알고리듬을 통해 사용자의 청취 패턴을 분석하고, 이를 바탕으로 맞춤형 추천을 제공하고 있다. 특히 스포티파이는 개인화된 추천 서비스 제공의 탁월한 예로, '디스커버 위클리(Discover Weekly)'와 '릴리스 레이더(Release Radar)'라는 두 가지 기능을 통해 사용자 맞춤형 음악을 제안한다.

디스커버 위클리는 사용자의 청취 이력을 기반으로 매주 새로운 곡들을 추천하는 기능이다. 매주 월요일, 사용자가 즐길 만한 새로운 음악이 포함된 30곡의 플레이리스트가 제공된다. 이 알고리듬은 사용자의 청취 데이터를 분석해, 이전에 듣지 않았지만 취향에 맞는 곡을 발견할 수 있도록 도와준다. 이 기능은 새로운 음악을 찾고자 하는 사용자들에게 특히 유용하다. 릴리스 레이더는 매주 금요일마다 사용자에게 최신 발매된 곡들을 추천하는 플레이리스트다. 사용자가 즐겨 듣는 아티스트나 자주 듣는 장르의 최신 음악을 모아서 제공하는 기능으로, 최신 트렌드를 빠르게 접할 수 있도록 돕는다. 이 두 기능은 AI 기반으로 청취자의 음악 취향을 분석해, 이를 통해 개인화된 청취 경험을 제공한다.

또한 AI는 음악의 메타데이터를 분석해 사용자의 감정 상태나 활동에 맞춰 음악을 추천할 수 있다. 즉, 운동 중인 사용자에게는 빠른 템포의 음악을 추천하거나 휴식 중인 사용자에게는 차분한 음악을 추천하는 방식이다. 이처럼 라이프 스타일 기반의 추천 기능은 사용자들이 플랫폼에 더 오래 머물게끔 하고, 결과적으로 플랫폼 충성도를 높이는 데에 중요한 역할을 하고 있다. 이러한 개인화된 경험은 플랫폼의 사용자 만족도를 높이며, 스트리밍 서비스의 핵심 경쟁력으로 자리 잡고 있다.

AI 기반 음악 창작과 제작

AI는 음악을 추천하는 데에 그치지 않고, 음악 창작 과정에서 필수적인 도구로 자리 잡고 있으며, 작곡 · 편곡 · 작사까지 포함해 다양한 창작 활동에 기여하고 있다. AI 기반의 작곡 · 편곡 소프트웨어는 사용자에게 다양한 장르의 음악을 자동으로 생성해 주는 기능을 제공한다. 아이바(AIVA)와 같은 음악 제작 도구는 클래식부터 록, 팝, 일렉트로닉까지 여러 장르에 걸친 곡을 만들 수 있으며, 구글의 뮤직엘엠(MusicLM)은 짧은 텍스트 설명만으로도 고품질의 음악 샘플을 생성할 수 있다. 이러한 AI

도구들은 특히 영화, 게임, 광고 등의 배경 음악 제작에 자주 활용되고 있으며, 케이팝(K-pop) 같은 대중음악 분야에서도 AI의 사용이 점점 확대되고 있다.

AI는 창작자들이 더 다양한 음악적 실험을 할 수 있도록 돕고 있으며, 새로운 멜로디를 생성하거나 가사를 작성하는 데에 중요한 역할을 하고 있다. AI는 작곡가들이 창의적인 한계를 넘어서 새로운 가능성을 탐구할 수 있게 지원하고 있지만, 이 기술이 인간의 창의성을 대체할 수 있을지에 대한 논의는 여전히 진행 중이다.

저작권과 윤리의 문제

AI의 발전은 음악 스트리밍 시장에 강력한 영향을 미치며, 이를 통해 음악 산업 전반에서 다양한 변화가 일어나고 있다. 특히 2023년 4월, 드레이크(Drake)와 위켄드(The Weeknd)의 목소리를 딥페이크로 활용한 곡 〈하트 온 마이 슬리브(Heart on My Sleeve)〉는 이러한 변화를 상징적으로 보여 준 사건 중 하나였다. AI가 생성한 이 곡은 많은 팬조차 진짜 아티스트가 참여한 것인지 구별하기가 어려웠고, 이에 따라 유니버설 뮤직 그룹(UMG)은 스포티파이와 유튜브와 같은 스트리밍 플랫폼에서 이 곡을 삭제할 것을 요청했다.

이 사건은 AI가 음악 산업에서 저작권과 창작자 권리에 미치는 영향을 본격적으로 논의하게 된 계기가 되었다. 유니버설 뮤직 그룹의 최고경영자(CEO) 루션 그레인지(Lucian Charles Grainge)는 AI를 통한 콘텐츠의 과잉 생성이 창작자의 권리를 침해할 수 있다고 경고하며, 스트리밍 플랫폼들에 AI 기업들이 음악 데이터를 무단으로 수집하는 것을 막아 달라고 요청했다. 이에 따라 스포티파이와 애플 뮤직은 AI 기업들의 데이터 접근을 차단하게 되었다. 스포티파이의 CEO 대니얼 에크(Daniel Ek)도 권리 문제가 기술 혁신과 창작자 보호의 균형을 맞추는 것이 중요하다고 강조했다. 이 사건은 AI가 음악을 창작하고 복제하는 기술이 앞으로 어떻게 규제되고 저작권 문제를 해결할지에 대한 논쟁을 촉발했다. AI가 음악 산업의 경계를 확장하는 도구로 작용하고 있지만, 그와 동시에 AI가 창작한 콘텐츠가 저작권을 침해하거나 기존 음악을 모방할 가능성도 있어 법적 대응이 필수적이다. 향후 음악 산업은 AI와 인간 창작자의 공존을 위한 규제와 법적 기준 마련이 중요한 과제가 될 것이다.

음악 스트리밍 산업의 변화와 미래 전망

음악 스트리밍 산업은 AI 기술의 발전과 함께 급속한 변화를 겪고 있으며, 음악 산업에 큰 영향을 미치고 있다. AI는 음악 추천 알고리듬의 정교화와 개인화된 사용자 경험의 강화, 음악 창작과의 융합 등 다양한 측면에서 중요한 역할을 하고 있다.

AI 기반의 추천 시스템은 사용자들의 청취 패턴과 선호도를 분석해 맞춤형 플레이리스트를 제공함으로써 사용자 만족도를 높이고 있다. 머신러닝과 딥러닝 기술의 발전으로 이러한 추천 시스템은 더욱 정확하고 개인화된 서비스를 제공하게 되어, 사용자들이 플랫폼에 더 오래 머무르게 하고 스트리밍 서비스에 대한 충성도를 높이는 핵심 요인이 되고 있다.

또한 AI는 음악 창작 과정에도 깊이 관여하고 있다. AI 작곡 프로그램과 생성 모델은 아티스트들에게 새로운 영감을 제공하고 음악 제작 과정을 변화시키고 있다. 이는 음악의 다양성을 증진하고 새로운 장르와 스타일의 탄생을 가능하게 한다.

그러나 AI의 활용이 확대됨에 따라 데이터 프라이버시와 알고리듬의 공정성 등 윤리적 문제도 대두되고 있다. 사용자 데이터의 보호와 AI 알고리듬의 투명성 확보는 지속 가능한 음악 산업 발전을 위해 해결해야 할 중요한 과제다.

미래에는 AI가 음악 산업의 경계를 넓히고 새로운 비즈니스 모델을 창출할 것으로 기대된다. 가상 현실과 증강 현실의 결합을 통한 몰입형 음악 경험, AI를 통한 실시간 작곡 · 공연 등이 그 예이다. 이러한 발전은 더 많은 창작자와 청취자들에게 기회를 제공하고 음악 산업의 확장성을 높일 것이다.

AI는 음악 스트리밍과 창작에서 필수적인 도구로 자리 잡고, 음악 산업의 미래를 이끌 중요한 기술로 평가받고 있다. AI의 지속적인 발전과 함께 이를 적절히 활용하고 규제하는 노력이 음악 산업의 지속 가능하고 창의적인 성장을 위해 필수적이다.

참고 문헌

김경달 외(2023). 『디지털 미디어 인사이트 2024』. 이은북.

스벤 칼손·요나스 레이욘휘부드(2020). 『스포티파이 플레이』(홍재웅 옮김). 비즈니스북스.

Eriksson, M., et al.(2019). *Spotify teardown: Inside the black box of streaming music*. MIT Press.

Katz, M.(2020). *Artificial intelligence in the music industry*. Oxford University Press.

05
AI와 팬덤 문화

AI는 팬과 아티스트 간의 상호 작용을 개인화하고 강화해 팬덤 문화를 변화시키고 있다. 팬들은 AI를 통해 맞춤형 콘텐츠를 제공받고, 실시간 상호 작용과 몰입형 경험을 하며 커뮤니티에서 활발히 소통할 수 있다. 국내 버추얼 아이돌 '플레이브'와 팬 플랫폼 '팬플레이' 등 AI 기반 플랫폼이 이러한 변화를 주도하고 있다. 앞으로 AI는 더욱 개인화된 팬 경험과 새로운 상호 작용을 제공할 것이다.

AI와 아이돌?

AI와 팬덤

개인화된 팬 경험

AI는 팬과 아티스트 사이의 상호 작용을 더욱 개인화된 방식으로 발전시키고 있다. AI 기술을 통해 팬들은 맞춤형 콘텐츠를 받고, 실시간 상호 작용이 강화된 새로운 경험을 할 수 있다. AI는 팬들이 선호하는 콘텐츠를 분석해 개인화된 피드를 제공하며, 실시간 대화나 댓글을 통해 팬과 아티스트가 더 직접적으로 소통할 수 있는 장을 만들어 낸다. 또한, AI는 커뮤니티 내 팬들이 서로 소통하고 교류할 수 있는 공간을 활성화해 팬덤을 더욱 견고하게 만든다. 커뮤니티 내에서 팬들은 AI가 제공하는 데이터 기반 피드백을 통해 아티스트의 활동을 실시간으로 업데이트 받으며, 이에 대한 의견을 공유하고 활동에 참여할 기회를 얻게 된다. 이처럼 AI는 팬과 아티스트 간의 상호 작용을 더 깊고 개인화된 경험으로 발전시키며, 팬덤 문화를 변화시키고 있다.

맞춤형 콘텐츠 제공은 팬 개개인의 취향과 소셜 미디어 활동을 분석해 그들이 가장 선호할 만한 아티스트의 콘텐츠를 추천하는 방식으로 이루어진다. 이를 통해 팬은 자신만을 위한 독점적인 경험을 하며, 아티스트와의 유대감을 더욱 강화할 수 있다. AI는 팬이 좋아하는 아티스트의 비하인드 스토리나 최신 인터뷰, 혹은 놓쳤을 수 있는 특별한 영상 등을 추천함으로써 팬들이 아티스트와 더 가까워졌다고 느끼게 만든다. 또한, AI는 팬의 취향에 맞춘 영상이나 이미지를 생성해 제공하기도 한다. 이처럼 맞춤형 콘텐츠는 팬들이 자신만을 위한 특별한 콘텐츠를 받고 있다고 느끼게 하며, 아티스트와의 연결성이 더 깊어졌다는 인식을 심어 준다. 결과적으로 AI는 팬과 아티스트 간의 상호 작용을 더 개인적이고 친밀하게 만들어 팬 경험의 질을 높이는 데에 중요한 역할을 하고 있다.

실시간 상호 작용과 몰입형 경험

실시간 상호 작용은 AI 기술의 핵심 기능 중 하나로, 이를 통해 팬들은 아티스트와 직접 대화하는 듯한 경험을 할 수 있다. AI 챗봇을 활용하면 팬들은 아티스트의 신곡에 대해 질문하거나 의견을 남기면 AI가 실시간으로 응답을 제공한다. 이러한 상호 작용은 아티스트와의 소통을 더욱 개인화된 방식으로 제공해 팬들이 아티스트와 긴밀한 관계를 형성할 수 있도록 돕는다. 또한, 가상 현실과 결합한 가상 콘서트는 AI가 팬 경험을 강화하는 또 다른 방법이다. 팬들은 물리적인 한계를 넘어 가상 환경에서 실제 공연장에 있는 듯한 몰입감을 경험할 수 있으며, 이는 팬들에게 아티스트와의 연결성을 더욱 강화하는 경험을 제공한다. 이와 같은 실시간 상호 작용은 아티스트와 팬 사이의 관계를 더 친밀하게 만들며, 팬덤 문화에 깊은 영향을 미치고 있다.

팬 커뮤니티 활성화

AI는 팬 커뮤니티 형성에서도 중요한 역할을 하고 있다. AI는 팬들이 공유할 만한 콘텐츠를 분석해 추천해 주며, 이를 통해 팬들이 공통의 관심사를 가진 사람들과 소통하고 의견을 나누는 장을 마련해 준다. 이러한 과정에서 팬들은 자연스럽게 유대감을 쌓고, 아티스트와 관련된 이슈나 트렌드에 대해 더 깊이 논의할 수 있게 된다. 특히 AI는 팬 커뮤니티 내에서 많이 언급되는 이슈를 분석해 팬들이 활발하게 참여할 수 있는 대화 주제를 제안해 준다. 이를 통해 커뮤니티는 더욱 활성화되며, 팬들이 더욱 적극적으로 참여할 기회를 얻게 된다. 또한 AI는 커뮤니티 내에서 인기가 있는 콘텐츠를 자동으로 선별해 보여 주거나, 팬들이 관심을 보일 만한 새로운 이슈를 빠르게 파악해 제공함으로써 커뮤니티의 활발한 소통을 돕는다. 이를 통해 팬들은 아티스트와의 연결성을 더욱 강화할 수 있으며, 팬 커뮤니티가 더욱 견고해진다. AI가 제공하는 이러한 기능들은 팬 커뮤니티 활성화에 중요한 도구로 작용하며, 팬들이 서로 소통하고 참여하는 다양한 기회를 제공한다.

데이터 기반 피드백

데이터 기반 피드백은 AI가 팬과 아티스트 간의 상호 작용에서 매우 중요한 역할을 하고 있다. AI는 팬들의 취향, 행동 패턴, 선호도를 실시간으로 분석해 아티스트가 팬들의 요구를 더 정확하게 반영한 콘텐츠를 제작할 수 있도록 돕는다. 팬들이 특정 음악 스타일이나 주제를 선호하는 경우, AI는 이러한 데이터를 기반으로 아티스트에게 피드백을 제공한다. 이 피드백을 받은 아티스트는 이를 반영해 팬들의 기대에 맞춘 새로운 콘텐츠를 제작할 수 있다. 이러한 과정은 팬들에게 자신들의 의견이 존중되고 반영된다고 느끼게 하며, 아티스트와의 유대감을 더욱 깊게 만든다. 또한 아티스트는 AI로부터 받은 피드백을 통해 팬들의 취향을 더 정확히 파악하게 되어 팬덤을 확장하는 기회를 얻게 된다. 궁극적으로 데이터 기반 피드백은 팬과 아티스트 간의 상호 작용을 강화하며, 더 개인화된 콘텐츠 제작을 가능하게 하는 중요한 도구로 자리 잡고 있다.

한국 엔터테인먼트 사례

한국의 엔터테인먼트 기업들은 AI 기술을 활용해 팬들과의 상호 작용을 강화하고 있다. 특히 버추얼 아이돌 그룹들은 팬들이 아티스트와 더욱 밀접하게 연결될 수 있는 새로운 방식을 도입하고 있다.

버추얼 아이돌 '메이브(MAVE:)'는 AI 기반의 채팅 서비스를 통해 팬들이 가상 캐릭터와 직접 대화하는 듯한 경험을 제공했다. 이를 통해 팬들과의 소통이 강화되며, 팬들은 아티스트와 더 깊은 유대감을 형성할 수 있었다. 2023년에 데뷔한 '플레이브(PLAVE)'는 초기부터 AI 기술을 활용해 팬들과 실시간으로 소통하며 맞춤형 콘텐츠를 제공하는 방식을 채택했다. 라이브 방송과 실시간 채팅 기능을 통해 팬들의 의견을 즉각적으로 반영함으로써 팬들의 참여도를 극대화하고 있다. 이러한 실시간 소통을 중요시하는 접근 방식은 플레이브의 팬덤 확장에 크게 기여했으며, 버추얼 아이돌임에도 팬들에게 실제 아티스트와 같은 경험을 제공하고 있다.

K-pop 팬덤 플랫폼 빅크 모먼트의 '팬플레이(Fan Play)'는 생성 AI를 접목해 팬들의 놀이 경험을 극대화해

디지털 공연장을 일종의 놀이터로 만드는 기능을 출시했다. 그리고 AI 팬 플랫폼 '플다(FL DA)'는 팬과 아티스트의 상호 작용을 더욱 깊고 개인화된 방식으로 발전시키고 있다. 플다는 팬들에게 맞춤형 콘텐츠를 제공하며, 팬과 아티스트 간의 실시간 소통을 강화해 아티스트와의 교감을 한층 더 깊게 만든다. 팬들은 AI 기술을 통해 가상으로 아티스트와 대화를 나누거나, 독점적인 콘텐츠를 받을 수 있다.

이러한 AI 기반 팬 플랫폼을 통한 개인화된 경험은 팬들에게 더욱 특별한 관계를 형성하도록 돕는다. 또한 플다는 팬 커뮤니티 내에서 상호 작용을 촉진하는 역할을 하며, 팬들이 아티스트에 대해 논의하고 소통하는 장을 제공한다. 팬들은 AI 기반 팬 플랫폼을 통해 아티스트에 관한 최신 정보와 맞춤형 피드백을 얻으며, 커뮤니티 안에서 같은 관심사를 공유하는 사람들과 연결될 수 있다. 이러한 기능은 팬들에게 더욱 몰입감 있는 경험을 제공하고 팬덤을 강화한다. AI 기반 팬 플랫폼의 도입은 AI와 팬덤 문화의 결합이 아티스트와 팬 간의 상호 작용을 어떻게 새롭게 정의하고 있는지를 보여 주며, 앞으로도 이러한 상호 작용 방식을 더욱 진화시킬 가능성을 가지고 있다.

이러한 AI 기술을 통한 팬 소통은 한국 엔터테인먼트 산업에서 점점 더 중요해지고 있으며, 팬덤 문화에 깊은 영향을 미치고 있다. 특히 AI는 팬과 아티스트 간의 상호 작용을 개인화된 경험으로 변화시키고, 팬의 취향과 행동 데이터를 분석해 맞춤형 콘텐츠를 제공하며, 실시간 소통과 가상 현실을 통해 더욱 몰입감 있는 팬 경험을 제공하는 데에 중점을 둔다. AI를 통해 팬은 단순한 소비자에서 창작의 주체로 발전하며, 팬 커뮤니티는 더욱 활성화되고 있다. AI는 아티스트가 팬의 요구에 맞는 콘텐츠를 제작하도록 돕고, 팬덤 문화를 더 개인화된 방향으로 이끌어 간다.

AI는 단순한 기술적 도구 이상의 의미를 가지며, 팬과 아티스트 간의 상호 작용을 더욱 개인화된 경험으로 변화시키는 역할을 하고 있다. 이를 통해 팬덤 문화는 새로운 차원으로 발전하고 있으며, 이러한 변화를 통해 아티스트와 팬이 소통하는 더 많은 기회가 생겨날 것이다.

참고 문헌

고문순(2023.12.6). 상황·감정 생성AI기업 인디제이, 팬덤 플랫폼 '플다' 정식 출시. ≪머니투데이≫, https://news.mt.co.kr/mtview.php?no=2023120609083494478

박찬우(2020). 『스노우볼 팬더밍』. 쌤앤파커스.

조희선·유승호(2024). 버추얼 유튜버 장(場)의 탄생과 유지 동학: 아이돌 팬덤 경험과의 비교를 중심으로. ≪인문콘텐츠≫, (73), 299-335쪽.

최태범(2024.4.3). 온라인 공연장에 생성AI 접목…네이버 손잡은 빅크, 팬플레이 출시. ≪머니투데이≫, https://news.mt.co.kr/mtview.php?no=2024040314452880602

황서이·기찬(2023). 버추얼 아이돌 특성이 버추얼 아이돌 공연 수용자 태도에 미치는 영향. ≪디지털콘텐츠학회논문지≫, 24(10), 2277-2286쪽.

06
생성형 AI와 콘텐츠 IP의 확장

생성형 AI는 음악과 웹툰 산업에서 기존 IP를 활용해 새로운 콘텐츠를 효율적으로 생성하고 있다. 음악 산업에서는 AI가 아티스트의 스타일을 학습해 새로운 곡을 작곡하거나 리믹스하며, 웹툰 산업에서는 캐릭터의 감정 표현과 배경을 자동으로 그려 창작자가 스토리 개발에 집중하도록 돕는다. 이러한 기술은 창작 효율성과 비용 절감에 기여하지만, 저작권과 소유권 문제 등 법적 · 윤리적 과제가 발생하고 있다.

AI와 야구?

생성형 AI를 활용한 콘텐츠 IP

생성형 AI(generative AI)는 콘텐츠 창작 방식을 크게 변화시키고 있으며, 특히 음악과 웹툰 산업에서 두드러진 활용을 보인다. 생성형 AI는 기존 지식 재산권(intellectual property, IP)을 바탕으로 새로운 콘텐츠를 창출하거나 기존 원천(오리지널) IP를 확장하는 데에 중요한 역할을 하고 있다. 콘텐츠 IP는 특정 작품, 캐릭터 또는 세계관 등의 핵심 자산으로, 이를 바탕으로 2차 창작물이나 파생 상품이 만들어지며 지속적인 수익을 창출하는 데에 매우 중요한 요소로 간주한다. 즉, 콘텐츠 IP의 가치는 콘텐츠 원작을 기반으로 다양한 형태로 확장하여 부가 가치를 창출하는 데에 있다.

콘텐츠 IP는 저작권, 상표권, 디자인권 등을 포함한 법적 권리로, 창작된 콘텐츠의 가치를 보호하고 상업적 활용을 가능하게 한다. 이는 엔터테인먼트 산업에서 중요한 자산으로, IP가 성공적으로 구축되면 하나의 작품이 영화, 드라마, 음악, 게임 등 다양한 분야로 확장될 수 있으며, 경제적 수익 구조를 창출할 수 있다. 대표적인 예로 마블(Marvel)이나 디즈니 같은 기업들은 강력한 IP를 기반으로 여러 미디어에 걸쳐 콘텐츠를 확장하고 있으며, 이는 팬덤 형성에 기여하고 있다.

생성형 AI는 IP 확장의 효율성을 높여 창작 속도를 빠르게 하고 있다. AI는 기존 콘텐츠의 스타일이나 스토리라인을 학습해 새로운 에피소드나 스토리를 자동으로 생성할 수 있다. 예를 들어, AI는 웹툰의 배경을 자동으로 그리거나 스토리 전개를 예측하는 등의 작업을 통해 제작 비용과 시간을 절감하며, 더 많은 콘텐츠를 효율적으로 창작할 수 있게 한다. 음악 산업에서도 AI는 기존 아티스트의 스타일을 학습하고, 이를 바탕으로 새로운 곡을 작곡하거나 리믹스를 제작하는 데에 활용되고 있다.

음악 산업에서의 생성형 AI 활용

음악 산업에서 생성형 AI는 아티스트의 음악 스타일을 학습해 새로운 곡을 자동으로 생성하거나 기존 음악을 재해석하는 데에 중요한 역할을 하고 있다. AI는 특정 아티스트의 음악적 특성을 분석한 후 유사한 스타일의 곡을 만들어 낼 수 있으며, 이를 통해 기존 음악 IP의 확장 가능성이 커진다. AI는 아티스트의 히트곡을 학습한 후 비슷한 스타일의 새로운 곡을 빠르게 생성할 수 있다. 이는 새로운 곡을 만드는 데에 걸리는 시간을 줄여 주며, 아티스트가 자신의 음악적 자산을 더욱 효율적으로 확장할 기회를 제공한다.

또한, AI는 음악을 리믹스하거나 재해석하는 데에 기여하고 있다. 클래식 음악을 현대적인 팝 스타일로 변환하거나, 록 음악을 새로운 장르로 변형하는 등의 작업을 통해 음악의 다양성이 확장되고 있다. 이를 통해 아티스트는 새로운 청중에게 접근할 수 있으며, 팬들은 더 다양한 음악적 경험을 즐길 수 있다. 생성형 AI를 통해 아티스트와 저작권 보유자는 추가적인 수익 창출 기회를 얻고, 다양한 리믹스 버전과 신곡을 만들어 음원 판매나 스트리밍 수익을 확대할 수 있다.

웹툰 산업에서의 생성형 AI 활용

웹툰 산업에서 생성형 AI는 기존 IP를 바탕으로 새로운 콘텐츠를 창출하는 데에 중요한 역할을 하고 있다. AI는 캐릭터의 감정, 성격, 행동 패턴 등을 학습해 이를 바탕으로 새로운 에피소드나 스핀오프를 자동으로 생성할 수 있으며, 이러한 기술은 기존 웹툰의 세계관을 확장하거나 새로운 이야기를 제작하는 데에 사용된다. 특히, AI는 웹툰의 그림 스타일을 학습해 캐릭터나 배경을 자동으로 그리는 데에 활용되며, 이는 창작자가 창의적인 스토리라인 개발에 더 집중할 수 있도록 돕는다. 반복적이고 시간이 많이 소모되는 작업을 AI가 처리하면서 창작자는 더 빠르고 효율적으로 콘텐츠를 제작할 수 있다. 이를 통해 팬들은 새로운 에피소드를 신속하게 접할 수 있으며, 웹툰의 세계관을 더 넓게 경험할 수 있다. 결국, AI는 웹툰 산업에서 창작 효율성을 높이고, 더 많은 콘텐츠를 빠르게 생산할 수 있게 돕는 도구로 자리 잡고 있다.

창작 효율성 향상과 비용 절감

생성형 AI는 콘텐츠 제작 과정에서 창작 속도를 높이고 비용 절감을 가능하게 하는 중요한 도구로 자리 잡고 있다. AI는 기존 IP를 기반으로 새로운 콘텐츠를 생성하거나 기존 IP를 변형·확장할 수 있어 창작 과정이 훨씬 더 효율적이다. 이러한 과정에서 창작자는 더 빠르고 유연하게 다양한 콘텐츠를 실험하고 제작할 수 있으며, 이를 통해 인간 창작자의 시간과 노력이 절약된다. 이에 따라 제작비도 크게 절감된다.

AI는 음악 IP를 여러 장르로 변환하거나, 기존 웹툰 캐릭터를 바탕으로 새로운 스토리라인을 창출할 수 있다. 이는 창작자가 다양한 아이디어를 부담 없이 시도할 기회를 제공하며, 특히 웹툰과 음악 산업에서 그 효과가 두드러진다. 웹툰에서는 AI가 캐릭터의 감정 표현이나 배경을 자동으로 그려 주고, 음악 산업에서는 AI가 아티스트의 음악 스타일을 학습해 새로운 곡을 자동으로 생성하는 방식이 대표적이다. 이처럼 창작자의 부담이 줄어들면서, 창의성이 극대화되고 새로운 콘텐츠를 더 빠르게 시장에 내놓을 수 있는 환경이 조성된다.

또한, 생성형 AI는 다양한 플랫폼에서 기존 IP를 재활용할 기회를 제공해 콘텐츠의 활용 범위를 넓힌다. 한번 만들어진 콘텐츠는 음악, 게임, 광고 등 여러 분야에서 재사용되어 수익성을 극대화할 수 있다. 그러나 생성형 AI가 가져오는 혜택에도 불구하고, 저작권 문제와 AI가 생성한 콘텐츠의 소유권에 대한 논란이 여전히 해결해야 할 과제로 남아 있다.

AI가 기존 콘텐츠를 학습하는 과정에서 원천 자료의 저작권이 충분히 보호되지 않으면 저작권 침해가 발생할 수 있다. 또한, AI가 생성한 콘텐츠가 얼마나 원본과 유사한지에 대한 기준이 모호할 수 있어 이러한 저작권 분쟁 가능성도 존재한다. AI가 창작한 콘텐츠의 소유권이 누구에게 귀속될 것인지도 중요한 문제다. AI가 만든 콘텐츠의 권리가 기술을 개발한 기업에 속할지, 이를 활용한 창작자에게 귀속될지에 대한 법적 기준은 아직 명확히 정립되지 않았다. 따라서 이러한 문제를 해결하기 위해서는 법적 기준을 명확히 설정하고, AI와 창작자 간의 역할과 책임을 구분하는 법적 틀이 마련되어야 한다.

생성형 AI와 콘텐츠 IP의 확장은 콘텐츠 창작 과정에 다각적인 영향을 미쳐 창작 속도를 높이고 효율성을 향상한다. 음악, 웹툰, 영화 등 다양한 산업에서 AI는 기존 IP를 재활용하거나 확장해 기여하고 있다. 생성형 AI는 콘텐츠를 자동으로 생성해 제작 시간을 줄이고 효율성을 높인다. AI 기술의 발전은 콘텐츠 산업에서 자동화를 촉진하고 IP의 가치를 극대화할 기회를 제공한다.

법적·윤리적 과제와 제도적 대응

생성형 AI의 발전은 콘텐츠 IP 분야에 큰 변화를 불러오고 있다. AI가 기존 작품을 학습해 유사한 스타일이나 형식의 새로운 콘텐츠를 생성함으로써 창작자들은 반복적이거나 시간 소모적인 작업에서 벗어나 더욱 창의적인 아이디어에 집중할 수 있게 된다. 이러한 기술은 기존 IP의 수익성과 활용도를 크게 확장할 수 있다.

그러나 콘텐츠 창작의 자동화와 효율화가 진행됨에 따라 저작권과 소유권 문제에 대한 새로운 법적 · 윤리적 규정의 필요성이 제기된다. AI가 기존 콘텐츠를 학습하고 변형하는 과정에서 저작권 분쟁을 방지하기 위한 명확한 법적 기준이 마련되어야 하며, AI가 생성한 콘텐츠의 소유권이 누구에게 귀속되는지에 대한 구체적인 규정이 필요하다.

또한, 인간 창작자와 AI 간의 협력을 지원하기 위한 제도적 기반도 필요하다. 이는 창작 과정에서 AI와 인간의 역할을 어떻게 구분하고 협력할 것인지에 대한 윤리적 · 법적 지침이 마련되어야 한다는 점을 강조한다. AI 기술이 창의적인 도구로 활용될 수 있게 이러한 기준을 마련하는 것은 콘텐츠 산업의 지속 가능성을 확보하는 데에 매우 중요하다.

생성형 AI는 콘텐츠 IP 확장에 새로운 기회를 제공하고 있지만, AI와 인간이 함께 협력해 더 풍부하고 다양한 콘텐츠 생태계를 구축해 나가기 위해서는 저작권 문제, 윤리적 고려, 데이터 사용에 대한 규제, AI 창작물에 대한 투명성 문제, 사회적 합의 등 향후 중요한 과제들을 해결해야 할 것이다.

참고 문헌

김경달 외(2023). 『디지털 미디어 인사이트 2024』. 이은북.

제리 카플란(2024). 『생성형 AI는 어떤 미래를 만드는가』(정미진 옮김). 한즈미디어.

한정훈(2023). 『AI 시대, 엔터테인먼트의 미래』. 페가수스.

07
AI 기반 엔터테인먼트 마케팅

AI는 엔터테인먼트 마케팅에서 개인화된 콘텐츠 추천과 실시간 데이터 분석을 통해 사용자 경험과 마케팅 효율성을 향상한다. 스트리밍 플랫폼은 AI 알고리듬을 통해 맞춤형 콘텐츠를 제공하며, 소셜 미디어에서 감성 분석을 사용해 소비자 반응을 파악한다. 또한 예측 분석을 통해 소비자의 미래 행동을 예측해 타깃 마케팅을 실행한다. 그러나 이러한 과정에서 데이터 윤리와 보안, 특히 개인 정보 보호와 AI 모델의 편향성 문제 해결이 중요하다.

AI와 윤동주?

개인화된 사용자 경험과 콘텐츠 추천

AI는 엔터테인먼트 마케팅에서 점점 더 중요한 역할을 하고 있다. 특히 개인화된 경험과 실시간 데이터 분석을 통해 마케팅 성과를 극대화하고 있으며, AI는 소비자의 행동 · 취향 · 피드백을 빠르고 정확하게 분석해 맞춤형 마케팅 전략을 제공한다. 이러한 맞춤형 경험은 소비자 충성도를 높이고 마케팅 효율성을 극대화하는 데에 크게 기여하고 있다. 엔터테인먼트 마케팅에서 AI의 주요 역할로는 개인화된 콘텐츠 추천, 소셜 미디어 감성 분석, 예측 분석 등이 있다.

먼저, AI는 스트리밍 플랫폼에서 개인화된 콘텐츠 추천을 통해 사용자 경험을 크게 향상하는 데에 중요한 역할을 한다. 넷플릭스와 스포티파이와 같은 스트리밍 서비스는 AI 알고리듬을 활용해 사용자의 콘텐츠 소비 패턴을 분석하고, 이를 바탕으로 개인화된 추천 콘텐츠를 제공하고 있다. 이러한 시스템은 사용자가 선호할 만한 콘텐츠를 신속하게 제공해 플랫폼에 머무는 시간을 늘리고, 사용자 충성도를 높이는 효과를 가져온다. 넷플릭스의 추천 알고리듬은 사용자가 시청한 영화나 TV 프로그램의 장르, 배우, 스토리라인을 기반으로 새로운 콘텐츠를 추천하며, 스포티파이는 사용자의 음악 취향을 분석해 디스커버 위클리나 릴리스 레이더 같은 맞춤형 플레이리스트를 제공한다. 이러한 AI 기반 추천 시스템은 소비자의 취향을 정교하게 반영해 개인화된 경험을 제공하는 동시에, 콘텐츠 소비를 유도하고 충성도를 높이는 데에 중요한 역할을 하고 있다.

또한, AI는 챗봇과 가상 비서를 활용해 소비자와의 실시간 소통을 가능하게 하고, 고객 서비스의 효율성을 높일 수 있다. 엔터테인먼트 기업은 챗봇을 통해 티켓 예매, 콘텐츠 추천, 이벤트 정보 제공 등을 자동화할 수 있으며, 이는 고객 경험을 향상하는 데에 기여하고 있다. 또한, AI 기반 콘텐츠 생성은 마케팅의 부담을 줄이고, 더 많은 콘텐츠를 신속하게 생산할 수 있게 한다. AI는 소셜 미디어 게시물, 블로그 글, 영상 스크립트 작성 등에 활용되며, 사용자 생성 콘텐츠(user-generated content)를 분석해 인기 있는 트렌드를 파악하고 이를 마케팅에 반영할 수 있다.

AI와 가상 현실(VR) 또는 증강 현실(AR)과의 통합 또한 중요한 트렌드로 떠오르고 있다. AR과 VR을 AI와 결합하면 더욱 몰입감 있는 마케팅 경험을 제공할 수 있다. 예를 들어, 팬들이 가상 현실을 통해 가수의 콘서트를 체험하거나, 영화의 특정 장면을 증강 현실로 경험할 수 있는 이벤트를 개최할 수 있다. AI는 이러한 경험을 개인화해 각 사용자에게 최적화된 콘텐츠를 제공할 수 있다.

데이터 기반 마케팅 전략과 예측 분석

AI는 소셜 미디어의 방대한 데이터를 실시간으로 분석해 소비자들이 특정 콘텐츠에 대해 어떻게 반응하는지 빠르게 파악하는 데에 활용되고 있다. 소셜 미디어는 사용자의 감정과 의견이 즉각적으로 반영되는 공간이기 때문에, AI를 통해 실시간으로 데이터를 분석하면 대중의 감정적 흐름을 정확히 파악할 수 있다. 새로운 영화나 TV 프로그램이 출시된 직후, AI는 트위터 · 페이스북 · 인스타그램 등에서 수집된 데이터를 분석해 대중이 해당 콘텐츠에 대해 긍정적인지, 부정적인지, 중립적인지 파악하고 있다. 이러한 분석을 통해 마케팅 담당자들은 콘텐츠의 성공 여부를 즉각적으로 평가할 수 있으며, 더 나아가 전략적인 대응을 할 수 있게 된다.

특히, AI는 감성 분석(sentiment analysis) 기능을 활용해 텍스트 데이터에서 사용자의 감정을 분류하고 있다. 사용자가 작성한 리뷰나 댓글에서 긍정적인 감정과 부정적인 감정을 분석해 전체적인 분위기를 파악할 수 있다. 이를 통해 콘텐츠의 특정 장면이나 캐릭터, 주제에 대한 대중의 반응이 어떻게 변하고 있는지, 혹은 특정 요소가 특히 주목받는지를 실시간으로 확인할 수 있다. 소셜 미디어 데이터 분석은 콘텐츠 제작사나 마케팅에 중요한 인사이트를 제공하며, 향후 마케팅 전략을 조정하거나 비슷한 콘텐츠를 제작할 때도 유용하게 사용되고 있다. AI는 단순히 데이터를 수집하는 것을 넘어, 그 데이터를 기반으로 트렌드를 예측하거나 대중의 반응에 맞춰 콘텐츠나 광고를 개인화해 제공하는 데까지 활용되고 있다.

또한, AI는 예측 분석을 통해 소비자의 미래 행동을 예측할 수 있다. 예측 분석을 통해 기업은 특정 콘텐츠가 어떤 소비자 그룹에서 인기를 끌지, 소비자가 구매나 구독할 가능성이 얼마나 되는지 등 중요한 요소를 사전에 파악할 수 있다. 이를 통해 기업은 타깃 마케팅(target marketing)을 효과적으로 실행할 수 있으며, 구독 취소 가능성이 큰 고객을 미리 식별하고 이를 방지하는 맞춤형 캠페인을 제공할 수 있다. 스트리밍 서비스에서는 AI를 활용해 소비자의 시청 패턴, 구독 활동, 콘텐츠 선호도 등을 분석해 소비자가 언제 구독을 취소할 가능성이 큰지 예측한다. 이 정보는 개인화된 혜택 제공, 추천 콘텐츠, 특별 할인 등을 통해 소비자의 관심을 끌고 구독 유지를 유도하는 데에 활용된다. 이렇게 예측 분석을 통해 맞춤형 혜택이나 마케팅 메시지를 제공함으로써 고객의 이탈을 방지할 수 있다. AI 예측 분석 기술은 마케팅 예산을 더욱 효율적으로 분배할 수 있도록 돕고, 기업이 고객 유지율을 높이며 더 나은 성과를 달성하는 데에 기여하고 있다. 이를 통해 기업은 소비자의 니즈에 적합한 개인화된 경험을 제공하며, 장기적인 고객 관계를 유지하고 강화할 수 있다.

인플루언서 마케팅의 최적화도 AI의 중요한 역할 중 하나다. AI 알고리즘은 적합한 인플루언서를 식별하고, 그들의 팔로워 특성, 참여도, 콘텐츠 성과 등을 분석해 가장 효과적인 파트너를 선정할 수 있다. 또한, AI는 캠페인 성과를 실시간으로 모니터링하고, 필요에 따라 전략을 조정할 수 있어 마케팅 효과를 극대화할 수 있다.

데이터 윤리와 보안

AI는 멀티 채널 마케팅 통합에 중요한 역할을 하고 있다. 다양한 마케팅 채널을 통합하고 일관된 메시지를 전달하는 데에 AI가 이바지함으로써, 소셜 미디어, 이메일, 웹사이트, 모바일 앱 등 여러 채널에서 수집된 데이터를 통합 분석해 소비자에게 최적화된 마케팅 메시지를 전달

할 수 있다. 이를 통해 소비자의 접점에서 일관된 경험을 제공하고 브랜드 인지도를 높이는 데에 크게 기여한다.

그러나 이러한 AI 기반 마케팅이 성공적으로 운영되기 위해서는 데이터 윤리와 보안 문제가 반드시 고려되어야 한다. AI는 방대한 양의 데이터를 수집하고 이를 분석해 마케팅 전략을 최적화하지만, 이 과정에서 소비자의 개인 정보 보호와 윤리적인 데이터 사용이 중요한 이슈로 대두된다. 소비자들은 자신의 데이터가 어떤 방식으로 사용되는지에 민감해질 수 있으며, 데이터가 안전하게 보호되지 않으면 기업은 소비자의 신뢰를 잃을 위험이 크다. 이를 방지하기 위해 기업은 투명한 데이터 관리 방식을 도입해야 한다. 이는 소비자에게 데이터가 어떻게 수집되고 분석되며 사용되는지를 명확하게 설명하고 동의를 구하는 과정을 포함한다. 또한, 개인 정보를 보호하기 위해 암호화와 같은 강력한 보안 조치를 적용하는 것이 필수적이다. 데이터 유출이나 오남용이 발생하지 않도록 지속적인 보안 업데이트와 관리가 이루어져야 한다.

더불어, AI 모델의 편향성 문제를 해결하는 것도 중요한 과제다. AI는 학습 데이터에 따라 특정 그룹을 차별하거나 불공정한 결정을 내릴 수 있으며, 이는 마케팅 전략에서도 편향된 결과를 초래할 수 있다. 따라서 AI 알고리듬이 다양한 소비자 그룹에 공정하게 작동하도록 설계하고, 지속적인 모니터링과 개선을 통해 편향성을 줄여야 한다. 궁극적으로 데이터 윤리와 보안을 강화하는 것은 AI 기반 마케팅에서 필수적인 요소이며, 이를 통해 소비자 신뢰를 확보하고 기업의 장기적인 성공을 달성할 수 있을 것이다.

참고 문헌

Chaturvedi, A., & Jenkins, A. (2018). *AI for marketing and product innovation: Powerful new tools for predicting trends, connecting with customers, and closing sales.* Wiley.

Lee, K. F.(2018). *AI superpowers: China, Silicon Valley, and the new world order.* Houghton Mifflin Harcourt.

Malhotra, N. K., et al.(2023). *Artificial intelligence in marketing.* Emerald Publishing Limited.

Sterne, J.(2017). *Artificial intelligence for marketing: Practical applications.* Wiley.

08
AI 기반 엔터테인먼트 비즈니스 모델

AI 기반 엔터테인먼트 비즈니스 모델은 제작 자동화와 개인화된 추천을 통해 비용을 절감하고 콘텐츠 품질을 향상하고 있다. 넷플릭스와 스포티파이 같은 기업들은 이를 활용해 구독자 충성도를 높이고 있으며, AI는 마케팅 최적화뿐만 아니라 버추얼 아이돌, 디지털 휴먼 등 새로운 수익 모델을 창출하고 있다.

AI와 한의학?

콘텐츠 제작 자동화와 효율성 향상

AI 기반 엔터테인먼트 비즈니스 모델은 전통적인 방식에서 크게 변화하고 있다. 과거의 엔터테인먼트 비즈니스 모델은 주로 콘텐츠 제작자, 유통사, 소비자 간의 상호 작용을 중심으로 이루어졌다. 영화, 음악, TV 프로그램, 게임과 같은 콘텐츠는 제작자에 의해 기획되고, 유통사는 이를 영화관, TV 네트워크, 음반 매장 등을 통해 소비자에게 전달했다. 수익은 박스오피스 수입, 공연 티켓 판매, 광고, 구독, 라이선스 수익 등을 통해 창출되었으며, 영화사 · 음반사 · 방송국과 같은 전통적인 기관들이 이 모델에서 중심적인 역할을 해 왔다.

그러나 디지털 혁명과 AI 기술의 발전으로 인해 엔터테인먼트 비즈니스 모델이 크게 변화하고 있다. AI는 콘텐츠 제작 과정부터 유통 방식, 소비자에게 제공하는 경험, 마케팅 전략에 이르기까지 다양한 분야에서 활용되고 있다. AI는 콘텐츠 제작 자동화, 개인화된 추천 시스템, 실시간 소비자 데이터 분석 등을 통해 소비자 경험을 개선하고 있으며, 이를 통해 맞춤형 콘텐츠를 제공하고 있다.

특히 스트리밍 플랫폼의 대두와 함께 이러한 변화는 더욱 가속화되고 있다. 전통적인 유통 채널 대신에 디지털 플랫폼을 통해 소비자에게 직접 콘텐츠가 전달되면서, 제작자와 소비자 간의 관계도 변화하고 있다. 스트리밍 서비스는 구독 모델을 기반으로 하며, AI를 사용해 개인 맞춤형 추천 시스템을 제공해 소비자의 충성도를 높이고 있다. 이러한 변화는 콘텐츠의 유통 방식과 수익 창출 구조를 근본적으로 변화시키고 있으며, AI 기반 엔터테인먼트 비즈니스 모델은 앞으로 더욱 중요한 역할을 하게 될 것이다.

AI의 도입으로 콘텐츠 제작 과정이 크게 개선되고 있다. 전통적인 제작 방식에서는 많은 시간과 인적 자원이 필요했으나, AI는 애니메이션, 음성 합성, 비주얼 이펙트, 캐릭터 애니메이션 등의 작업을 자동화함으로써 시간과 비용을 절감하고 있다. 디즈니는 AI 기술을 활용해 캐릭터 애니메이션을 자동 생성하고 있으며, 이를 통해 애니메이터들이 더 창의적인 작업에 집중할 수 있도록 지원하고 있다. 또 다른 예로, 넷플릭스는 AI를 활용해 시청자의 취향을 분석해 맞춤형 콘텐츠를 추천하는 시스템을 도입함으로써 제작자가 더욱 효율적으로 대량의 콘텐츠를 제작할 수 있게 되었다. 이러한 자동화는 콘텐츠의 질과 양을 모두 극대화하는 데에 기여하고 있다.

개인화된 추천 시스템과 사용자 경험 강화

개인화된 사용자 경험 제공은 스트리밍 플랫폼의 주요 성공 요인으로 자리 잡았다. 전통적인 모델에서는 대중을 대상으로 한 일률적인 콘텐츠 제공이 일반적이었으나, AI는 소비자의 시청 기록, 관심사, 실시간 감정 상태를 분석해 개인 맞춤형 콘텐츠를 추천하고 있다. 이를 통해 넷플릭스, 스포티파이 등과 같은 스트리밍 플랫폼은 구독자 유지율을 높이고 이탈률을 줄이는 데에 성공하고 있다. 스포티파이는 AI 기반의 디스커버 위클리 플레이리스트를 통해 사용자의 음악 취향을 분석하고, 매주 새로운 맞춤형 음악을 제공함으로써 사용자 경험을 향상하고 있다. 넷플릭스 역시 AI 기반 추천 시스템을 통해 사용자가 선호할 만한 영화를 추천함으로써 플랫폼 내 체류 시간을 증가시키고 충성도를 높이고 있다. 이러한 맞춤형 경험은 소비자의 만족도를 극대화하며, 장기적인 충성도 확보에 중요한 역할을 한다. 향후 AI는 실시간 감정 분석을 통해 더욱 세밀한 맞춤형 콘텐츠를 제공하는 방향으로 발전할 것으로 보인다.

새로운 수익 모델 창출

AI는 예측 분석을 통해 마케팅 전략을 최적화하는 데에 중요한 역할을 하고 있다. AI는 과거 데이터를 기반으로 소비자의 행동을 예측해, 구독 취소 가능성이 있는 사용자를 미리 식별하거나 특정 콘텐츠의 성공 가능성을 사전에 분석할 수 있다. 이를 통해 기업은 마케팅 예산을 보다 효율적으로 분배하고, 타기팅(targeting) 광고나 프로모션을 통해 소비자의 관심을 더욱 끌 수 있게 되었다. 넷플릭스는 AI 예측 분석을 통해 구독자 이탈을 방지하기 위한 개인화된 혜택을 제공하는 전략을 사용하고 있다. 이러한 예측 분석을 통해 맞춤형 혜택이나 마케팅 메시지를 제공함으로써 고객의 이탈을 방지할 수 있으며, 이는 마케팅 예산의 효율적인 분배와 고객 유지율 향상에 기여하고 있다. 또 다른 사례로, 음악 스트리밍 서비스인 스포티파이는 AI를 활용해 사용자 행동을 분석하고, 개인화된 광고를 통해 광고 수익을 극대화하고 있다.

AI는 버추얼 아이돌, 디지털 휴먼(digital human), 메타버스(metaverse) 내에서의 활용을 통해 엔터테인먼트 산업에 새로운 형태의 콘텐츠와 수익 기회를 제공하고 있다. AI와 애니메이션 기술을 결합한 디지털 휴먼은 광고 · 게임 · 영화 · 음악 · 드라마 등 다양한 분야에서 활발히 활용되고 있으며, 메타버스에서는 더 현실적이고 상호 작용할 수 있는 가상 캐릭터가 중심이 될 가능성이 크다. 예를 들어, 한국의 인기 그룹 갓세븐(GOT7)은 AI 기반 디지털 캐릭터인 마크 투안(Mark Tuan)을 통해 다양한 콘텐츠와 마케팅 활동에 참여하고 있다. 이러한 가상 인물들은 엔터테인먼트 산업뿐만 아니라 마케팅, 고객 서비스, 교육 등 다양한 분야에서도 활용될 수 있어 새로운 수익 모델 창출에 중요한 역할을 하고 있다. 또한, 메타버스 플랫폼인 로블록스(Roblox)는 AI를 활용한 가상 이벤트와 공연을 통해 사용자 참여를 유도하고, 이를 통해 새로운 수익원을 창출하고 있다.

데이터 윤리와 개인 정보 보호의 중요성

AI 기반 비즈니스 모델이 성공적으로 지속되기 위해서는 데이터 윤리와 개인 정보 보호 문제를 해결하는 것이 필수적이다. AI는 대규모의 개인 데이터를 분석하고 활용하기 때문에 이를 보호하고 관리할 윤리적 기준과 법적 규제가 필요하다. 딥페이크와 같은 AI 기술의 오용 가능성도 법적 문제로 논의되고 있으며, 이에 대한 자율적인 윤리 기준이 마련되어야 한다. 데이터 윤리와 보안 문제를 해결하지 못하면 소비자의 신뢰를 잃을 위험이 크기 때문에, 기업은 투명한 데이터 관리 방식을 도입하고 개인 정보 보호를 위해 암호화와 같은 강력한 보안 조치를 적용해야 한다. 넷플릭스는 사용자 데이터를 보호하기 위해 강력한 보안 시스템을 시행하고 있으며, AI 알고리즘의 편향성을 줄이기 위한 지속적인 모니터링과 개선을 하고 있다. 이러한 노력은 AI 기반 비즈니스 모델이 장기적으로 신뢰를 얻고 지속 가능한 방식으로 발전하는 데에 중요한 역할을 한다.

정리하면, AI는 엔터테인먼트 산업에서 콘텐츠 제작의 자동화, 개인화된 사용자 경험 제공, 예측 분석 등을 통해 경제적 성과를 극대화하고 있다. AI를 활용한 콘텐츠 제작의 자동화는 시간과 비용을 절감하면서도 콘텐츠의 질과 양을 향상하며, 개인화된 사용자 경험 제공은 소비자의 만족도와 충성도를 높여 장기적인 고객 관계 형성에 기여한다. 또한, 예측 분석을 통한 마케팅 전략의 최적화는 마케팅 예산의 효율성을 높이고 고객 유지율을 향상하는 데에 중요한 역할을 하며, 버추얼 아이돌과 디지털 휴먼 등과 같은 새로운 수익 모델의 창출은 엔터테인먼트 산업에 새로운 기회를 제공하고, 다양한 분야에서 활용 가능성을 열어 준다.

이러한 변화와 전환은 비즈니스 모델의 지속 가능성과 성장을 위한 중요한 기반이 된다. AI의 발전은 엔터테인먼트 산업뿐만 아니라 다른 산업 분야에도 영향을 미치며, 새로운 기회를 창출하고 글로벌 시장에서의 경쟁력을 강화하는 데에 큰 역할을 하고 있다. 성공적인 AI 기반 비즈니스 모델을 구현하려면, 기술적 역량뿐만 아니라 데이터 윤리, 보안, 그리고 조직 내 협업 등 다양한 요소를 종합적으로 고려해야 한다. 특히, AI의 잠재력을 최대한 활용하기 위해서는 모든 요소가 균형 있게 관리되어야 하며, 이를 통해 지속 가능한 성과를 달성할 수 있다.

참고 문헌

한정훈(2023.7.31). 사그라든 메타버스 열풍, 정교해진 AI로 다시 띄울까. ≪PD저널≫, https://www.pdjournal.com/news/articleView.html?idxno=75293

Chaturvedi, A., & Jenkins, A.(2020). *AI for marketing and product innovation: Powerful new tools for predicting trends, connecting with customers, and closing sales.* Wiley.

Hwang, S., & Koo, G. W.(2023). Art marketing in the metaverse world: Evidence from South Korea. *Cogent Social Sciences, 9*(1). doi:10.1080/23311886.2023.2175429

Leventhal, B.(2018). *Predictive analytics for marketers: Using data mining for business advantage.* Kogan Page.

Sterne, J.(2017). *Artificial intelligence in marketing.* Wiley.

09
글로벌 엔터테인먼트 시장에서의 AI

AI는 엔터테인먼트 산업의 콘텐츠 제작, 유통, 마케팅에 기여하며 비용 절감과 개인화된 서비스를 제공하고 있다. 디즈니와 마블은 애니메이션과 특수 효과를 자동화하고 있으며, 넷플릭스와 스포티파이는 AI 추천 시스템으로 사용자 경험을 향상하고 있다. 그러나 창작자와의 갈등, 저작권 문제와 윤리적 문제가 발생하고 있어 이를 해결하기 위한 노력이 필요하다.

AI와 화장품?

AI 활용 콘텐츠 제작 개선 vs. 창작자와의 갈등

AI는 현재 글로벌 엔터테인먼트 산업 전반에 걸쳐 큰 변화를 주도하고 있다. 콘텐츠 제작 · 유통 · 마케팅 등 다양한 분야에서 핵심적인 임무를 수행하며, 기업들은 이를 통해 시장 경쟁력을 강화하고 비용을 절감하는 동시에 사용자 경험을 크게 향상하고 있다. 특히 AI는 콘텐츠 제작의 효율화, 개인 맞춤형 서비스 제공, 몰입형 경험의 확대에 중요한 역할을 하여 엔터테인먼트 산업을 더욱 경쟁력 있고 진보된 방향으로 이끌고 있다.

콘텐츠 제작 과정에서 AI는 복잡하고 시간이 많이 소요되는 작업을 자동화해 제작 비용과 시간을 절감하고 있다. 디즈니는 AI 기술을 활용해 캐릭터 애니메이션을 자동으로 생성해 애니메이터들이 창의적인 작업에 집중할 수 있도록 지원한다. 이는 반복적인 작업을 줄여 효율성을 높이고 창작의 질 향상에 기여한다. 또한 AI는 얼굴 인식 기술을 통해 캐릭터의 표정과 감정을 더욱 현실감 있게 표현할 수 있도록 돕는다.

마블 스튜디오는 AI 기반 도구를 사용해 복잡한 액션 장면과 특수 효과를 효율적으로 제작하고 있다. AI를 활용한 시뮬레이션 기술은 수천 명의 캐릭터가 등장하는 대규모 전투 장면에서 각 캐릭터의 움직임과 상호 작용을 자동으로 생성해 현실감을 높인다. 영화 〈어벤져스: 엔드게임(Avengers: Endgame)〉에서는 이러한 AI 기술이 대규모 전투 장면을 사실적으로 구현하는 데에 큰 역할을 했다. 이는 관객들에게 몰입감 있는 시각적 경험을 제공함으로써 영화의 완성도를 높였다.

그러나 AI 기술의 도입은 콘텐츠 제작자들과의 갈등을 일으키기도 한다. 2023년 미국에서는 작가조합(Writers Guild of America, WGA)이 AI 활용에 대한 우려로 파업을 단행했다. 작가들은 AI가 시나리오 작성 등 창작 영역에서 그들의 일자리를 위협하고, 작품의 질을 저하할 수 있다고 주장했다. AI가 생성한 시나리오나 대사가 인간의 창의성과 감성을 대체할 수 없으며, 이는 콘텐츠의 품질 저하로 이어질 수 있다는 점을 강조했다. 또한 AI가 생성한 콘텐츠의 저작권과 지식 재산권이 명확하지 않아 법적 분쟁의 소지가 있다는 점도 문제로 지적되었다. 이 파업은 AI 기술 도입이 가져오는 이익과 함께 사회적 · 윤리적 문제를 해결하기 위한 노력이 필요함을 보여 준다.

2024년 게임 산업에서도 AI 기술 도입에 대한 우려가 증가하고 있다. 게임 개발자들은 AI가 캐릭터 디자인,

스토리 개발, 음성 연기 등 다양한 분야에서 인간의 역할을 대체할 수 있다는 걱정을 표명하고 있다. 이는 창작자의 권리를 보호하고 일자리를 유지하기 위한 제도적 장치의 필요성을 강조한다. 게임 산업 종사자들은 AI의 무분별한 도입이 창작자의 권리를 침해하고 일자리를 위협할 수 있다며 목소리를 높이고 있다. 이러한 움직임은 엔터테인먼트 산업 전반에서 AI 기술 도입이 가져올 수 있는 부정적인 영향에 대한 경각심을 일깨우고 있다.

음악 산업에서도 AI의 영향력과 그로 인한 논란이 증가하고 있다. 2023년에는 AI를 이용해 드레이크와 위켄드의 목소리를 모방한 곡 〈하트 온 마이 슬리브〉가 온라인에 공개되어 큰 화제를 모았다. 이 곡은 실제 두 아티스트가 참여하지 않았음에도, AI 기술을 통해 그들의 음색과 음악 스타일을 매우 유사하게 재현했다. 이 사건은 음악 업계에 큰 충격을 주었으며, 저작권 침해와 윤리적 문제에 대한 논쟁을 촉발했다.

음악 산업 관계자들은 AI가 아티스트의 권리를 침해하고 창작물의 가치를 훼손할 수 있다는 우려를 표명했다. 특히 이러한 AI 생성 음악이 널리 유포되면 아티스트의 수익 감소와 브랜드 이미지 훼손 등이 발생할 수 있다는 점에서 심각한 문제가 제기되었다. 이에 따라 스트리밍 플랫폼들은 해당 곡을 삭제하고, AI를 활용한 무단 복제 콘텐츠에 대한 대응 방안을 모색하고 있다. 이 사건은 AI 기술 발전이 가져올 수 있는 저작권 문제와 윤리적 이슈를 부각하며, 창작자의 권리를 보호하기 위한 법적·제도적 장치의 필요성을 강조한다.

몰입형 엔터테인먼트

개인화된 사용자 경험 제공은 스트리밍 플랫폼의 주요 성공 요인으로 자리 잡았다. AI는 소비자의 시청 기록, 관심사, 실시간 감정 상태 등을 분석해 개인 맞춤형 콘텐츠를 추천한다. 이를 통해 넷플릭스와 스포티파이는 구독자 유지율을 높이고 이탈률을 줄이는 데에 성공하고 있다. 스포티파이의 디스커버 위클리는 AI를 기반으로 사용자의 음악 취향을 분석하고 매주 새로운 맞춤형 음악을 제공함으로써 사용자 경험을 향상하고 있다. 넷플릭스 역시 AI 추천 시스템을 통해 사용자가 선호할 만한 영화를 제공해 플랫폼 내 체류 시간을 증가시키고 충성도를 높이고 있다. 디즈니는 AI 음성 비서 '헤이 디즈니(Hey Disney)'를 도입해 고객이 다양한 요청을 처리할 수 있게 함으로써 개인화된 경험을 극대화하고 있다. 이는 단순한 콘텐츠 추천을 넘어 사용자와의 상호 작용을 통해 더욱 깊이 있는 서비스 제공이 가능해진다는 것을 의미한다.

몰입형 경험에서도 AI의 역할은 점점 커지고 있다. 디즈니랜드와 같은 테마파크에서는 확장 현실(extended reality, XR)과 AI를 결합해 더욱 몰입감 높은 경험을 제공한다. 스타워즈 테마호텔에서는 AI가 자연스럽게 연결된 이야기를 제공해 방문객들이 이야기의 일부가 되어 캐릭터와 상호 작용할 수 있게 한다. 방문객들은 AI 캐릭터와 대화하고, 임무를 수행하며, 스토리라인에 참여함으로써 현실과 가상이 융합된 새로운 경험을 즐길 수 있다. 또한 버추얼 콘서트나 버추얼 아이돌 공연은 전 세계 팬들에게 새로운 엔터테인먼트 경험을 선사하고 있다. AI는 가상의 아티스트를 생성하고, 그들의 음악과 퍼포먼스를 현실감 있게 구현해 팬들과의 상호 작용을 가능하게 한다. 이는 시간과 공간의 제약을 넘어서는 글로벌 엔터테인먼트의 새로운 형태로 주목받고 있다.

AI 기반 콘텐츠 유통과 마케팅 최적화 전략

AI는 소비자 행동을 실시간으로 분석해 콘텐츠 유통과 마케팅 과정을 최적화한다. 특정 콘텐츠의 인기 지역과 소비 패턴을 파악해 배급 전략을 효율화하고, 제작사들이 더 많은 소비자에게 효과적으로 다가갈 수 있도록 돕는다. AI는 소셜 미디어 데이터를 분석해 어떤 콘텐츠가 특정 지역에서 인기를 끌지 예측하고, 이에 맞춰 배급 계획을 조정할 수 있다. 또한 유튜브는 AI를 통해 사용자의 관심사에 맞춘 타깃 광고를 제공해 광고 수익을 높이고 있다. AI 기반 타기팅 광고는 사용자에게 관련성 높은 광고를 제공해 효율성을 극대화하고, 광고주의 투자 대비 수익을 향상하는 데에 이바지한다.

또한 AI는 콘텐츠 번역과 더빙 작업을 자동화해 다양한 언어로 신속하게 콘텐츠를 제공함으로써 글로벌 시장 진출을 가속화하고 있다. 넷플릭스는 AI 기반의 다국어 지원 시스템을 통해 전 세계 다양한 지역에서 콘텐츠를 제공하며, 이는 콘텐츠 유통 장벽을 낮추고 글로벌 시청자층을 확보하는 데에 중요한 역할을 하고 있다. 자동 번역 기술과 음성 합성 기술의 발전은 콘텐츠의 현지화를 쉽게 만들어 국제적 경쟁력을 높이고 있다.

그러나 AI 기술의 확산과 함께 다양한 윤리적 · 법적 문제가 대두되고 있다. 드레이크와 위켄드의 사례는 AI가 생성한 콘텐츠의 저작권과 지식 재산권 문제가 얼마나 심각한지를 보여 주는 대표적인 사건이다. 창작자의 권리를 보호하고 AI 기술의 윤리적 사용을 보장하기 위한 법적 · 제도적 노력이 필요하다. 할리우드는 AI 기술을 선도적으로 도입하며 엔터테인먼트 산업의 변화를 주도하고 있다. 그러나 작가 조합의 파업과 음악 산업에서의 논란은 AI 도입이 가져올 수 있는 부정적인 영향에 대한 경고로 작용하고 있다. 마블 스튜디오는 AI를 활용한 비주얼 이펙트 작업으로 제작 효율성을 높이고 있지만, 이러한 기술이 창작자들의 역할을 축소할 수 있다는 우려도 있다.

AI는 글로벌 엔터테인먼트 산업에서 콘텐츠 자동화와 개인화된 사용자 경험을 통해 경제적 성과를 극대화하고 있다. 그러나 2023년 작가조합 파업과 드레이크, 위켄드 사례는 AI 도입에 따른 사회적 · 윤리적 문제의 시급성을 드러냈다. 앞으로 AI가 산업 내에서 지속해서 성장하고 새로운 기회를 창출하기 위해서는 저작권, 윤리, 데이터 프라이버시 등의 주요 이슈를 해결해 AI와 엔터테인먼트 산업이 조화롭게 공존할 수 있는 지속 가능한 발전이 필요하다.

참고 문헌

임대준(2024.7.26). 할리우드 배우 노조, 게임 회사 상대로 파업…"AI 대비책 마련하라". ≪AI타임스≫,

https://www.aitimes.com/news/articleView.html?idxno=161978

최서은·정원식(2023.7.14). 63년만에 할리우드 작가·배우 동반 파업…AI에 잠식될 할리우드의 미래. ≪경향신문≫, https://www.khan.co.kr/world/world-general/article/202307140910011

Granados, N.(2024.5.31). How artificial intelligence is shaping the new media and entertainment economy. *Forbes*, https://www.forbes.com/sites/nelsongranados/2024/05/31/how-artificial-intelligence-is-shaping-the-new-media-and-entertainment-economy/

Laurence, P., & McIntosh, S.(2023.9.25). Hollywood writers in deal to end US studio strike. *BBC News*, https://www.bbc.com/news/world-us-canada-66909250

Sahota, N.(2024.3.18). Streaming into the future: How AI is reshaping entertainment. *Forbes*, https://www.forbes.com/sites/neilsahota/2024/03/18/streaming-into-the-future-how-ai-is-reshaping-entertainment/

Willman, C.(2023.4.17). AI-generated fake 'Drake'/'Weeknd' collaboration, 'Heart on My Sleeve' delights fans and sets off industry alarm bells. *Variety*, https://variety.com/2023/music/news/fake-ai-generated-drake-weeknd-collaboration-heart-on-my-sleeve-1235585451/

10
엔터테크 시대의 AI

AI 기반 엔터테크는 K-콘텐츠의 글로벌 성장과 소비자 경험 강화를 이끌며, 생성형 AI를 활용해 콘텐츠 제작 자동화와 개인화된 추천을 지원하고 있다. 그러나 저작권, 개인 정보 보호 등 법적 · 윤리적 문제는 해결해야 할 과제로 남아 있으며, 이러한 이슈를 해결하는 것이 지속 가능한 성장을 위해 필수적이다.

종교와 AI?

엔터테크와 K-콘텐츠의 글로벌 성장

최근 글로벌 시장에서 K-콘텐츠의 영향력이 급격히 확대되고 있으며, 그 중심에는 엔터테인먼트와 기술의 융합을 의미하는 엔터테크(entertech)가 자리하고 있다. 엔터테크는 디지털 기술을 활용해 기존 엔터테인먼트 콘텐츠의 한계를 넘어서는 새로운 몰입형 경험을 제공하는 것을 목표로 한다. 특히 AI의 발전은 엔터테크의 발전을 가속화하고 K-콘텐츠의 제작과 소비 방식을 근본적으로 변화시키고 있다.

K-콘텐츠는 드라마, 영화, 음악 등 다양한 분야에서 세계적인 인기를 얻고 있으며, 이러한 성공은 엔터테크의 도입과 밀접하게 연결되어 있다. AI를 활용한 콘텐츠 제작, 개인화된 추천 시스템, 스트리밍 플랫폼의 발전은 소비자 경험을 확장하고 있으며, 이는 디지털 미디어의 성장과 직결된다. AI 기술은 음악, 영화, 방송 등의 기획과 제작 과정에서 효율성을 높이고 새로운 형태의 창작과 상호 작용을 가능하게 함으로써 엔터테인먼트 산업의 새로운 지평을 열고 있다.

생성형 AI의 역할과 활용 사례

현재 생성형 AI와의 융합이 진행되면서 엔터테인먼트

분야는 점점 더 적극적으로 AI를 수용하고 있다. 기술적인 한계로 인해 아직 완벽한 생성형 AI 콘텐츠 생산이 이루어지지 않고 있지만, 과거 K-콘텐츠와 기술의 결합을 주도했던 경험을 바탕으로 볼 때, 생성형 AI와의 융합도 자연스럽게 이루어질 것으로 예상된다.

국내외 AI 스타트업들은 엔터테인먼트에 직접 적용할 수 있는 다양한 기술을 선보이고 있으며, 주로 생성형 AI를 활용해 새로운 이미지나 동영상을 생성하는 데에 초점을 맞추고 있다. 이러한 설루션(solution)들은 K-콘텐츠, K-팝, K-드라마 등과 결합해 큰 파급 효과를 일으킬 수 있으며, 유튜브 등에서 활동하는 크리에이터들의 세계 시장 진출에도 큰 도움이 될 것으로 보인다. 또한, 생성형 AI를 활용한 번역과 외국어 음성 더빙 등의 기술은 K-콘텐츠의 빠른 확산과 현지화에 기여할 것이다.

미국 할리우드에서는 이미 생성형 AI 기술과 엔터테인먼트의 결합이 활발히 이루어지고 있다. 미국 기업 런웨이(Runway)의 AI 도구는 명령어만 입력하면 15분 내외의 영상을 자동으로 생성할 수 있는 수준에 도달했으며, 마블 등 대형 스튜디오들도 생성형 AI를 적극적으로 도입하고 있다.

한국에서도 AI 기술을 활용한 엔터테인먼트 콘텐츠가

다양하게 등장하고 있다. MBN은 AI로 구현된 김주하 앵커를 뉴스 방송에 도입해 새로운 형태의 뉴스 전달 방식을 선보였으며, JTBC는 AI 복원 기술을 사용해 고인이 된 아티스트를 재현하는 프로그램 '얼라이브'를 제작했다. 이 프로그램에서는 음성 · 얼굴 복원 기술과 딥페이크 기법을 활용해 아티스트들의 모습을 생생하게 재현했다. 예를 들어, 1987년에 세상을 떠난 가수 유재하가 AI를 통해 35년 만에 신곡을 발표하는 모습이 재현되었고, 2014년에 작고한 울랄라세션 멤버 임윤택의 모습도 방송에 등장했다.

이러한 시도들은 과거 아티스트의 복원에 그치지 않고, 엔터테인먼트와 기술을 접목해 새로운 예술을 창출하려는 노력의 하나로 볼 수 있다. 생성형 AI 기술을 활용해 콘텐츠의 가치를 높이는 것은 K-콘텐츠의 경쟁력 강화에 필수적이며, 부족한 인력과 예산 문제를 해결하고 산업적 기회를 창출할 수 있다. 또한 생성형 AI 기술은 새로운 콘텐츠 창작의 가능성을 탐구하는 잠재적 창작자들에게 큰 영감을 제공할 수 있다.

그러나 글로벌 엔터테인먼트 기업과 한국 콘텐츠 기업 간의 격차가 커질 수 있다는 우려도 제기되고 있다. 미국과 영국의 대형 스튜디오들은 대규모 자금을 투자해 자체 AI 모델을 개발하고 이를 콘텐츠 제작에 활용하고 있다. 블룸버그 GPT, 디즈니, 아마존 등의 기업은 방대한 콘텐츠 자산을 바탕으로 생성형 AI 기술을 활용해 경쟁력을 강화하고 있다. 반면에 한국 콘텐츠 기업들은 자금과 규모 면에서 다소 불리한 상황에 놓여 있어 AI 기술을 효과적으로 활용하는 데에 어려움을 겪을 수 있다는 지적이 있다.

K-콘텐츠가 글로벌 시장에서 지속해서 성장하기 위해서는 엔터데크의 전략적 활용이 핵심이다. 특히 생성형 AI 기술의 발전은 새로운 엔터테인먼트 비즈니스 모델을 창출하며, K-콘텐츠 산업의 경쟁력을 높이는 중요한 요소로 작용할 것이다.

엔터데크는 엔터테인먼트와 기술의 융합을 통해 새로운 부가 가치를 창출하고 산업의 미래를 선도하는 중요한 분야다. 디지털 혁명이 가속화되면서 영화, 음악, 게임, 방송 등 다양한 엔터테인먼트 분야는 AI, 가상 현실, 증강 현실 등의 첨단 기술을 도입해 콘텐츠 제작과 소비 방식을 근본적으로 변화시키고 있다. 이러한 변화는 소비자들에게 더욱 몰입감 있고 개인화된 경험을 제공하며, 산업의 패러다임을 새롭게 정의하고 있다.

한국의 엔터테인먼트 업계는 생성형 AI 기술을 적극

적으로 도입하며 글로벌 경쟁력을 강화하고 있다. SM엔터테인먼트의 에스파(aespa)는 AI와 증강 현실을 활용해 멤버들의 가상 아바타를 생성하고 독특한 스토리텔링을 전개하고 있으며, 이는 팬들에게 새로운 형태의 엔터테인먼트 경험을 제공하고 있다. 네이버의 바이브(VIBE)는 AI 기반 음악 추천 서비스로, 사용자들의 청취 패턴을 분석해 개인화된 음악 콘텐츠를 제공하고 있으며, 카카오엔터테인먼트는 AI 웹툰 제작 도구를 개발해 작가들이 효율적으로 작품을 제작할 수 있도록 지원하고 있다.

또한, 유명 연예인들의 과거 모습을 AI 기술로 재현하는 사례들도 주목받고 있다. 배우 박은빈은 서울우유 광고에서 AI 딥러닝 기술을 통해 어린 시절 모습을 재현한 아역 배우들과 함께 출연해 과거와 현재를 자연스럽게 연결했다. 배우 손석구는 넷플릭스 오리지널 시리즈 〈살인자ㅇ난감〉에서 AI 기술로 어린 시절의 모습을 구현했다. 배우 윤여정은 KB라이프생명의 광고에서 AI 디에이징(deaging) 기술로 20대 시절의 모습을 복원한 캠페인을 선보이고 있다. 디즈니 플러스에서 방영된 카지노에서는 배우 최민식이 AI 페이스 디에이징과 AI 음성 합성 기술을 통해 30대 시절의 캐릭터를 재현했으며, 이를 통해 상업 콘텐츠에서의 AI 활용 가능성을 성공적으로 증명하고 있다.

생성형 AI와 엔터테인먼트의 시너지 효과로, AI 기술의 도입은 콘텐츠 제작부터 소비와 유통까지 엔터테인먼트 산업 전반에 걸쳐 다양한 이점을 제공하고 있다. 반복적이고 시간 소모적인 작업을 자동화해 창작자들이 창의적인 작업에 집중할 수 있게 하고, 소비자들의 취향을 분석해 맞춤형 콘텐츠를 제공함으로써 만족도를 높이고 있다. 또한 생성형 AI 기반의 서비스와 플랫폼을 통해 수익 구조를 다양화하고 글로벌 시장에서의 경쟁력을 강화하고 있다.

엔터테인먼트 산업에서의 생성형 AI의 도전과 과제

생성형 AI의 확산과 함께 저작권과 지식 재산권 문제가 대두되고 있다. AI가 생성한 콘텐츠의 권리 귀속이 명확하지 않아 법적 분쟁의 소지가 있으며, 딥보이스와 같은 기술의 오용으로 인한 사회적 갈등과 창작자 일자리 위협 등의 윤리적 문제가 발생할 수 있다. 유명인의 얼굴이나 목소리를 무단으로 사용해 콘텐츠를 제작하면 법적 문제와 윤리적 비난을 불러올 수 있다. 또한 대규모 데이터 활용에 따른 개인 정보 보호 이슈도 심각하며, 기술 발전에 비해 규제와 관리가 미흡해 적절한 법적 기준 마련이 필요하다.

엔터테크는 생성형 AI와 결합해 미래 엔터테인먼트 산업의 핵심으로 자리 잡고 있다. AI는 콘텐츠 제작에서 유통에 이르기까지 전 과정에서 주도적인 역할을 하며, K-콘텐츠의 글로벌 확산과 한국 엔터테인먼트의 영향력 증대에 크게 기여하고 있다. 기술과 창의성의 융합을 통해 새로운 가치와 경험을 제공함과 동시에, 사회적 · 윤리적 문제를 해결하기 위한 노력이 필수적이다.

참고문헌

김경달 외(2023). 『디지털 미디어 인사이트 2024』. 이은북.

김기림(2024.6.21). 슈퍼IP+AI+메타버스+팬덤 = 엔터테크 3.0. ≪더밀크≫, https://www.themiilk.com/articles/a91deb261

김세진(2024.6.23). AI, 콘텐츠 산업 영원히 바꾼다... 엔터테크 시대. ≪더밀크≫, https://themiilk.com/articles/a2fe26a83

한국저작권위원회(2024). 엔터테인먼트 콘텐츠 제작에서 AI 사용에 대한 엇갈린 소비자 의견. 한국저작권위원회 블로그. https://blog.naver.com/kcc_press/223532055569

한정훈(2024). 엔터테인먼트 핵심 기술로 떠오른 AI. ≪PD저널≫, https://www.pdjournal.com/news/articleView.html?idxno=75767

황서이

현재 중부대학교 미디어커뮤니케이션학과 조교수로 재직 중이다. 중앙대학교에서 예술학 박사학위를 취득했으며, 엔터테인먼트 콘텐츠와 기술의 융합이 수용자 인식에 미치는 영향을 연구하고 있다. 현재 신진연구자지원사업에 선정되어 '대중음악 온라인 라이브 스트리밍 공연 관련 수용자 인식 연구'를 수행 중이다. 한국방송학회 정회원으로 활동하고 있으며, 서울특별시 투자심사위원회 위촉직 전문위원으로 참여하고 있다. 중앙대학교 인문콘텐츠연구소에서 HK 연구교수를 지냈고, 한국국제문화교류진흥원, 시립청소년음악센터, 한국문화정책연구소, 인천서구문화재단 등에서 평가위원과 자문위원으로 활동해 왔다. 서울예술대학교와 한성대학교에서 강의를 진행했다. 주요 연구로는 "Art Marketing in the Metaverse World: Evidence from South Korea"(2023), "버추얼 아이돌 특성이 버추얼 아이돌 공연 수용자 태도에 미치는 영향"(2023), "텍스트 마이닝을 활용한 광고 모델로서의 '가상 인플루언서' 인식변화 분석"(2021) 등이 있으며, "국내 언론을 통해 본 '한류' 경향에 관한 연구: 토픽모델링과 의미연결망 분석을 활용한 언론 기사 분석, 2000~2019"(2020)는 한국엔터테인먼트산업학회 학술대회에서 우수 논문상을 받았다. 주요 저서로는 『새로운 AI, 새로운 사람들』(공저, 2023), 『인공지능 사회문화학』(공저, 2024), 『가상과 현실의 융합 버추얼×문화콘텐츠』(공저, 2024)가 있다.